Hildegard von Bingen

Worte lebendigen Lichts

Hildegard von Bingen

Worte lebendigen Lichts

Herausgegeben
und eingeleitet von
Otto Betz

Herder
Freiburg · Basel · Wien

Zweite Auflage 1997

Umschlagmotiv: Die Seherin (Ausschnitt). Miniatur aus:
Hildegard von Bingen, Scivias.
Tafel 1, Vorrede. Abtei
St. Hildegard, Rüdesheim
Umschlaggestaltung: Hermann Bausch
Gedruckt auf umweltfreundlichem,
chlorfrei gebleichtem Papier
Herstellung: Clausen & Bosse, Leck
ISBN 3-451-26055-7

Inhalt

Einführung

Vielleicht gibt es in jedem Jahrhundert nur wenige Menschen, die ihrer Zeit ein bestimmtes Gepräge geben, und von denen entscheidend wichtige Impulse kommen. Es müssen Menschen sein, die eine besondere Sehkraft haben, denen es aber auch gegeben ist, eine wirksame Sprache zu sprechen. Mut müssen sie haben, auch unangenehme Dinge zu künden, damit die Mächtigen sich nicht allzu sicher fühlen, damit aber auch die Schlafmützen wachgerüttelt werden.

Hildegard von Bingen ist im zwölften Jahrhundert ein solcher Mensch gewesen. Sie hat ein so umfangreiches Werk hinterlassen, daß man lange Zeit nicht glauben wollte, es könne von einer ›ungebildeten Frau‹ geschrieben worden sein. Sie hat sich zwar selbst immer wieder einen ›einfältigen Menschen‹ genannt, gehörte aber ganz sicher zu den begabtesten und gebildetsten Menschen des Hochmittelalters. Im Jahre 1098 wurde sie als zehntes Kind des Edelfreien Hildebert von Bermersheim in der Nähe von Alzey geboren. Schon als Mädchen kam sie in die Obhut einer jungen Ordensfrau, Jutta von Spanheim, die eine kleine Frauengemeinschaft leitete, die dem Benediktinerkloster Disibodenberg angeschlossen und zugeordnet war. Über vierzig Jahre wohnte Hildegard in diesem Kloster, mehr als die Hälfte ihres Lebens. Nach Juttas Tod wurde sie dann auch die *magistra*, die Oberin der Gemeinschaft. Schon als Kind hatte sie eine geheimnisvolle Schaukraft, die sich immer drängender ›zu Wort und Bild‹ meldete, bis sie begann, diese übermächtigen Erfahrungen aufzuzeichnen. Von Bernhard von Clairvaux und Papst Eugen III. bestärkt, verfaßte sie eine Reihe von umfangreichen Schriften, die ihren Namen in ganz Europa bekannt machten.

Nachdem sie in Bingen ein eigenes Kloster bauen konnte, wallfahrteten schon bald mächtige und berühmte Menschen und einfache Leute zu ihr hin, wollten ihre Probleme mit ihr besprechen oder suchten ihren Zuspruch. Sie korrespondierte mit Kaiser Barbarossa, der ihr seinen besonderen Schutz angedeihen ließ, mit Päpsten und Königen, mit ganzen Klosterkonventen, aber auch mit einfachen Laien.

In späteren Jahren unternahm sie noch große Reisen, hielt auf den Plätzen einiger Städte Predigten und Mahnreden, warnte vor der Gefahr der Katharer, die damals mit ihrer Kirche und Staat gefährdenden Lehre ganz Westeuropa überzogen. Vor allem aber legte sie die Wunden der Kirche offen, den Reichtum der Prälaten, die Sittenlosigkeit des niederen Klerus', die Streitsucht des Adels, die Vergnügungssucht des Volkes überhaupt.

Man darf sich aber Hildegard nicht als eifernde Moralapostolin vorstellen; sie muß ein durch und durch fröhlicher Mensch gewesen sein – die Wärme ihres Gemüts und die Herzlichkeit gewannen ihr die Sympathie ihrer Klosterfrauen und der Gäste, die zu ihr ins Kloster kamen. Bald wurde sie ›Rheinische Sibylle‹ genannt und ›Prophetissa Teutonica‹, aber man suchte sie auch auf, wenn man sich in seiner Krankheit oder in seiner seelischen Not nicht zu helfen wußte.

Als Kind war Hildegard kränklich gewesen, und anfällig für Krankheiten blieb sie ihr Leben lang. Vielleicht trug das dazu bei, sich intensiver mit Krankheitsursachen zu beschäftigen, und sich um leib-seelische Heilwege zu bemühen.

Aber sie verstand die Krankheiten auch als notwendige Reifungsimpulse, als Phasen auf dem lebenslangen Wandlungsprozeß. »Gott kocht den Menschen im Feuer und durchtränkt ihn mit Wasser«, konnte sie sagen.

Nachdem sie auf der anderen Rheinseite – in Eibingen – noch ein zweites Kloster gegründet hatte, starb Hildegard am 17. September des Jahres 1179 in ihrem Binger Kloster auf dem Rupertsberg.

Hildegard ist gegenwärtig in aller Munde. Trotzdem ist die Frage erlaubt, ob man heute auch bereit ist, auf sie zu hören. Man will sich von ihr Küchenrezepte geben lassen, erhofft sich von ihr wundersame Rezepte gegen allerlei Krankheiten oder möchte in die Edelsteinmedizin eingeführt werden. – Nun hatte Hildegard tatsächlich einen pharmazeutischen Kräutergarten und eine für ihre Zeit erstaunliche Kenntnis von den Vorgängen in der Natur; sie beobachtete die Fische in Nahe und Rhein und wußte viel von der Volksmedizin ihrer Zeit. – Aber der Nachdruck ihrer Tätigkeit lag auf einem ganz anderen Gebiet.

Es ist eine faszinierende ›Ganzheitsschau‹, die Hildegard gelingt. Die Welt ist nicht nur als Gottes Schöpfung zu verstehen, sie ist auch das Gewand, durch das wir etwas von der Herrlichkeit Gottes vernehmen dürfen. In wunderbaren Bildern und einer glanzvollen Sprache kann sie die Herrlichkeit der geschaffenen Welt schildern; mit großer Zärtlichkeit und Innigkeit geht sie auf die Wunder unserer Welt ein, einer Welt, die sie als zusammenhängende Einheit verstanden wissen will. Alles hängt mit allem zusammen, nichts darf völlig isoliert betrachtet werden. »Jedes Geschöpf ist mit einem anderen verbunden, und jedes Wesen wird durch ein anderes gehalten.«

Vom Menschen hat Hildegard eine hohe Meinung: Er ist zu Großem berufen, muß aber auch zu einer entsprechend großen Verantwortung bereit sein. Wohl sieht sie auch seine Gefährdung und weiß um die dunklen Kräfte in ihm: Er neigt zum Übermut und erkennt dann nicht mehr seine Grenzen; oder er vergißt seine Berufung, verliert seinen Lebensmut und wird schwermütig. Aber aus der Liebe Gottes ist der Mensch nicht herausgefallen, nach Hildegard ist dem Menschen eine Schlüsselrolle im göttlichen Schöpfungsplan zugefallen; diese Zuversicht bestimmt ihr ganzes Werk.

Es ist sicher kein Zufall, daß von Hildegard so häufig die Tugenden behandelt werden. Das sind keine blutleeren ethischen Anforderungen, sondern lebendige Kräfte, geradezu persönlich empfundene Wirkmächte, die sich dem Menschen hilfreich zur Seite stellen und die Weltgeschichte voranbringen. Neben der Liebe, die als die eigentliche kosmische Grundkraft verstanden wird, als das immerzu wirksame göttliche Potential in der Schöpfung, stehen die Barmherzigkeit und die Wahrheit, die Gerechtigkeit und viele andere. Einen bevorzugten Platz nimmt die *discretio* ein, die Gabe der Unterscheidung, die Einsicht in das rechte Maß. Und weil es in der Welt weiterhin die *viriditas* gibt, die ›Grünkraft‹, die Erneuerungsfähigkeit und Heilungsmöglichkeit, deshalb darf der Mensch zuversichtlich seinen Weg weitergehen. Es ist faszinierend, wie dynamisch das Verständnis vom Menschen ist: Er soll sich ›auf Gott zu‹ verwirklichen, es soll also erst im Laufe der Geschichte, die als Heilsgeschichte verstanden wird, herauskommen, was alles im Menschen angelegt ist. Man kann einen ›dialogischen Grundakkord‹ beobachten: »Laßt uns also ein Gespräch miteinander führen.«

Die Vielseitigkeit Hildegards macht uns immer wieder staunen. Als Äbtissin hatte sie ihre Klöster zu leiten, war für das spirituelle wie das hauswirtschaftliche Leben der Gemeinschaften verantwortlich, mußte in den politisch so wirren Zeiten das klösterliche Schiff durch die Gefahren führen, denn es gab permanent Fehden und Kleinkriege. Aber auch in die große Politik wurde sie hineingezogen, in die Zwistigkeiten zwischen Kaiser und Papst. Hildegard konnte in ihren Briefen liebevoll auf die Anfragen und Problemstellungen eingehen, aber sie konnte auch streitbar und polemisch eingreifen, wenn es die Situation erforderte. Papst Eugen III. schrieb sie: »Der süßeste Duft sei in Dir und ermüde nicht auf dem geraden Wege.« Seinem Nachfolger, Anastasius IV., schrieb sie dagegen: »Warum duldest du die schlechte Lebensführung der Menschen? [...] Du, o Rom, liegst wie in den letzten Zügen.«

Es ist schon erstaunlich, daß sie neben all diesen Beanspruchungen auch noch die Zeit fand, Lieder und Hymnen zu schreiben, für die sie selbst die Vertonung besorgte. Und sie schrieb ein Mysterienspiel (»*Ordo Virtutum*«, das »Spiel der Kräfte«), das sie mit ihren Nonnen aufführte. Und natürlich wurde sie von ihren Zeitgenossen nicht nur verehrt, sondern auch beneidet und verleumdet. Sie mußte sich gegen diese Angriffe zur Wehr setzen und die besondere klösterliche Lebensform mit ihren Festbräuchen verteidigen.

Welch eine Frau! Wie soll man diese große Theologin und Kirchenpolitikerin, Visionärin und Prophetin, Dichterin und Komponistin, Naturforscherin und Heilkundige auf ein paar Seiten vorstellen? Welche Texte soll man auswählen, damit man von der Spannweite ihres Denkens, von der Kraft ihrer Sprache einen Eindruck bekommt? Ist es erlaubt, einzelne Zitate aus dem Kontext herauszulösen und für sich hinzustellen? Dazu kommt, daß jede Auswahl einen subjektiven Faktor einbringt. Ein schmales Bändchen kann nicht die ganze Weite und Vielfalt eines umfangreichen Werkes repräsentieren, es kann nur Hinweise geben, einige Hauptlinien sichtbar machen. Aber vielleicht bekommt mancher Leser Lust, sich auch an die Ganzschriften heranzumachen, oder sich gründlicher auf die konzeptionelle Größe und Hintergründigkeit dieses Werkes einzulassen, um die ganze Verästelung zu entdecken. Einfach ist die Lektüre nicht, aber es lohnt sich, tiefer in die Welt Hildegards einzusteigen, sich manches anzueignen und eine kritische Auseinandersetzung zu wagen. Nicht jedes Wort wird bei uns die gleiche Wirkung haben, aber die Aktualität ihrer Sehweise ist verblüffend, und viele ihrer Worte sind wirklich Worte lebendigen Lichts.

Otto Betz

I

Hildegards Berufung und Auftrag

»Dem König gefiel es,
eine kleine Feder zu berühren,
daß sie in Wundern emporfliege.«

Im Jahre 1141 der Menschwerdung des Sohnes Gottes, Jesu Christi, als ich zweiundvierzig Jahre und sieben Monate alt war, kam ein feuriges Licht mit Blitzesleuchten vom offenen Himmel hernieder. Es durchströmte mein Gehirn und durchglühte mir Herz und Brust gleich seiner Flamme, die jedoch nicht brannte, sondern wärmte, wie die Sonne den Gegenstand erwärmt, auf den sie ihre Strahlen legt. Nun erschloß sich mir der Sinn der Schriften, des Psalters, des Evangeliums und der übrigen katholischen Bücher des Alten und Neuen Testaments. Doch den Wortsinn ihrer Texte, die Regeln der Silbenteilung und der Fälle und Zeiten erlernte ich dadurch nicht. *(1,89)*

Die Kraft und das Mysterium verborgener, wunderbarer Gesichte erfuhr ich geheimnisvoll in meinem Innern seit meinem Kindesalter, das heißt, seit meinem fünften Lebensjahr, so wie auch heute noch. Doch tat ich es keinem Menschen kund, außer wenigen, die wie ich im Ordensstande lebten. Ich deckte alles mit Schweigen zu bis zu der Zeit, da Gott es durch seine Gnade offenbaren wollte.

Die Gesichte, die ich schaue, empfange ich nicht in traumhaften Zuständen, nicht im Schlafe oder in Geistesgestörtheit, nicht mit den Augen des Körpers oder den Ohren des äußeren Menschen und nicht an abgelegenen Orten, sondern wachend, besonnen, an allgemein zugänglichen Orten, so wie Gott es will. Wie das geschieht, ist für den mit Fleisch umkleideten Menschen schwer zu verstehen. *(1,89)*

Eine Stimme erscholl vom Himmel und sprach zur mir:

»Armes Wesen, du Tochter vielfacher Mühsal, die du von so zahlreichen und schweren körperlichen Leiden gleichsam durchgekocht bist: Dich hat trotz allem die Tiefe der Geheimnisse Gottes durchströmt! Übermittle du zum Nutzen der Menschen mit festhaltender Schrift, was du mit inneren Augen siehst und mit den inneren Ohren deiner Seele vernimmst. Die Menschen sollen dadurch ihren Schöpfer erkennen lernen und sich nicht länger weigern, Ihn in Ehrfurcht würdig anzubeten.« *(3,21)*

Ein mächtiger König thronte in seinem Palast. Hohe Säulen standen vor ihm, von goldenem Schmuckwerk umwunden und mit vielen Perlen und kostbaren Steinen herrlich geziert. Dem König aber gefiel es, eine kleine Feder zu berühren, daß sie in Wundern emporfliege. Und ein starker Wind trug sie, damit sie nicht sinke. *(4,30f)*

Meine Seele steigt – wie Gott will – in der Schau empor bis in die Höhe des Firmaments [...] Ich sehe aber diese Dinge nicht mit den äußeren Augen und höre sie nicht mit den äußeren Ohren, auch nehme ich sie nicht mit den Gedanken meines Herzens wahr, noch durch irgendwelche Vermittlung meiner fünf Sinne. Ich sehe sie vielmehr einzig in meiner Seele, mit offenen leiblichen Augen, so daß ich dabei niemals die Bewußtlosigkeit einer Ekstase erleide, sondern wachend schaue ich dies, bei Tag und Nacht.

Das Licht, das ich schaue, ist nicht an den Raum gebunden. Es ist viel, viel lichter als eine Wolke, die die Sonne in sich trägt. Weder Höhe noch Länge noch Breite vermag ich an ihm zu erkennen. Es wird mir als der »Schatten des lebendigen Lichtes« bezeichnet. Und wie Sonne, Mond und Sterne in Wassern sich spiegeln, so leuchten mir

Schriften, Reden, Kräfte und gewisse Werke der Menschen in ihm auf. *(4,227)*

In diesem Licht sehe ich zuweilen, aber nicht oft, ein anderes Licht, das mir das »lebendige Licht« genannt wird. Wann und wie ich es schaue, kann ich nicht sagen. Aber solange ich es schaue, wird alle Traurigkeit und alle Angst von mir genommen, so daß ich mich wie ein einfaches junges Mädchen fühle und nicht wie eine alte Frau. *(4,227)*

Ein Wind blies von einem hohen Berg und brachte mit seinem Wehen vor geschmückten Bürgern und Türmen eine kleine Feder in Bewegung, die aus sich selbst keinerlei Fähigkeit zum Fliegen besaß, sondern diese nur durch den Wind empfing.

(4,150)

II

Vom Geheimnis des lebendigen Gottes

»Durch das Wort,
das der Lebensquell selber ist,
kam die umarmende Mutterliebe
Gottes hernieder.«

Ich ruhe in aller Wirklichkeit verborgen als feurige Kraft. Alles brennt so durch mich, wie der Atem den Menschen unablässig bewegt, gleich der windbewegten Flamme im Feuer. Dies alles lebt in seiner Wesenheit, und kein Tod ist darin. Denn ich bin das Leben. *(3,26)*

Gott kann nicht durchsucht und durchsiebt werden nach Menschenart, weil in Gott nichts ist, was nicht Gott ist. Das Geschöpf aber hat einen Anfang. Daher sucht die menschliche Vernunft Gott in Begriffen zu erfassen, wie sie selbst, entsprechend ihrer Eigenart, von Begriffen voll ist. *(4,45)*

Der Mensch hat nicht die Macht, von Gott zu sprechen wie von der menschlichen Natur des Menschen und wie von der Farbe eines von Menschenhand geschaffenen Werkes. *(4,46)*

Die Ewigkeit gleicht einem Rad, das weder Anfang noch Ende hat. So ist die Ewigkeit im Vater vor jeder Kreatur, da sie immer und immer Ewigkeit war. Und was ist die Ewigkeit? Gott. Ewigkeit ist aber einzig dadurch Ewigkeit, daß sie unendliches Leben ist. *(4,68)*

Niemand vermag zu erkennen, wo das kreisende Rad begänne, wo es ende. Gottes Thron ist ja Seine Ewigkeit, in der Er allein sitzt, und alle Lebewesen sind gleichsam Funken der Strahlung Seines Glanzes, die Ihm wie die Strahlen der Sonne entströmen. *(3,83)*

Die Liebe und die Vorsehung Gottes stimmen ganz und gar überein. *(3,284)*

Untrennbar lebt die eine Gottheit in diesen drei Personen, denn die Gottheit kann nicht gespalten werden. Immerdar bleibt Sie unverletztlich, ohne jede Veränderlichkeit.

Aber der Vater wird offenbar durch den Sohn, der Sohn durch den Ursprung der Geschöpfe und der Heilige Geist durch die Menschwerdung des Sohnes. *(1,154f)*

Die feuchte Grüne sinnbildet den Vater, der nie verdorrt und nie zergeht. Die tastbare Geschlossenheit deutet auf den Sohn, den man, da Er aus der Jungfrau geboren war, berühren und betasten konnte. Das funkelnde Feuer ist das Bild des Heiligen Geistes, der die Herzen der Gläubigen entzündet und erleuchtet. *(1,156)*

Wer wachenden Auges sieht und gespannten Ohres hört, der reiche diesen geheimnisvollen Worten, die Mir, dem Lebendigen, entströmen, den umarmenden Kuß! *(1,157)*

Durch das Wort, das der Lebensquell selber ist, kam die umarmende Mutterliebe Gottes hernieder. Sie nährte uns zum Leben. Sie steht uns bei in der Gefahr. Sie ist das tiefste, mildeste Erbarmen das uns den Weg der Umkehr zeigt. *(1,155)*

Kein Mensch schaut jenes erhabene Gebirge, in dem Gottes Wissen ruht, und zumal nicht den Gipfel jenes Berges. Er kann ihn nicht ersteigen und wird weder Seine Geheimnisse kennen noch das Geheimnis derer, die immerfort vor Seinem Angesicht stehen. *(2,51)*

Gott kann nicht geschaut werden, sondern wird durch die Schöpfung erkannt, so wie auch der Leib des Menschen seiner Kleider wegen nicht gesehen werden kann. Und wie der innere Glanz der Sonne nicht erblickt wird, so kann Gott von der menschlichen Kreatur nicht gesehen werden. *(3,278f)*

Der Heilige Geist ist wie ein Feuer, nicht ein auslöschbares, das bald in Flammen aufscheint, bald erlischt. Denn der Heilige Geist durchströmt und verbindet die ›Ewigkeit‹ und die ›Gleichheit‹ so, daß sie eins sind, wie der Mensch ein Bündel zusammenschnürt – denn das Bündel wäre, wenn es nicht zusammengeschnürt würde, kein Bündel, sondern fiele auseinander. Er ist wie ein kreisendes Schwert, das nach allen Seiten geschwungen wird. Der Heilige Geist kündet die Ewigkeit, entzündet die Gleichheit: So sind sie eins. In dieser Ewigkeit und Gleichheit ist der Heilige Geist, da Gott lebt, das Feuer und Leben. *(4,70)*

III

Die Kostbarkeit der Schöpfung

»Es gibt kein Geschöpf,
das nicht irgendeinen Strahl hätte,
sei es das Grün oder der Samen,
die Blüten oder die Schönheit,
sonst wäre es kein Geschöpf.«

Alles, was Gott gewirkt hat, hatte Er vor dem Beginn der Zeit in Seiner Gegenwart [...] Das Vorherwissen Gottes ging also voraus, und Sein Werk folgte nach. Wäre dies Vorauswissen nicht vorhergegangen, so wäre Sein Werk nicht erschienen, so wie man auch vom Körper eines Menschen nichts erkennt, wenn man nicht sein Antlitz erblickt. Sieht man jedoch das Antlitz eines Menschen, so lobt man auch seine ganze Gestalt.

(3,29)

Die Liebe hat den Menschen erschaffen, die Demut hat ihn erlöst. Die Hoffnung ist wie das Auge der Liebe, die Liebe zum Himmlischen ist ihr Zusammenhalt. Der Glaube ist gleichsam das Auge der Demut, der Gehorsam ihr Herz, die Verachtung des Bösen ihr Zusammenhalt. Die Liebe war in der Ewigkeit und brachte im Anfang aller Heiligkeit alle Geschöpfe ohne Beimischung des Bösen hervor. *(4,141f)*

Alles, was durch die Weisheit hervorgegangen ist, lebt in ihr wie ein reiner und einzig schöner Schmuck und strahlt im lautersten Glanz seines Wesens. *(3,269)*

Der Schöpfer ist mit Seiner Schöpfung im Bunde, wenn Er die grünende Lebensfrische und die fruchtbare Lebenskraft eingießt. Ganz schwarz würde die Schöpfung werden, wenn sie sich in irgendeiner Verpflichtung dem göttlichen Geheiß entziehen wollte; wohlgebildet aber erblüht sie, solange sie in der rechten Verbindlichkeit ihren Aufgaben nachkommt. Nur so allein bleibt in jeder Lage das Leben verantwortlich, und es gedeiht ein guter Ruf, weil alle Bedürfnisse wohl durchdacht und rechtgeordnet befriedigt werden. *(2,238)*

Gottes Thron ist Seine Ewigkeit, in der Er allein sitzt, und alle Lebewesen sind gleichsam Funken der Strahlung Seines Glanzes, die Ihm wie die Strahlen der Sonne entströmen. Und wie würde Gott als das Leben erkannt, wenn nicht durch das Lebendige, das Ihn verherrlicht, da es ja, Ihn preisend, von Ihm ausgeht? Deshalb setzte Er die lebenden und brennenden Funken zum Glanze Seines Ansehens; sie sollten sehen, daß Er weder Anfang noch Ende habe, weshalb sie auch nicht satt werden, Ihn anzuschauen. *(3,83)*

Wenn Er aber jene Funken nicht hätte, wie würde Sein Ruhm voll in Erscheinung treten? Und wie würde Er als der Ewige bekannt, wenn kein Glanz von Ihm ausginge? Denn es gibt kein Geschöpf, das nicht irgendeinen Strahl hätte, sei es das Grün oder der Samen, die Blüten oder die Schönheit, sonst wäre es kein Geschöpf. *(3,84)*

Die Erde erscheint gleichsam als Blüte der Schönheit und als Schmuck der Ehre der Gotteskräfte, indem sie den Menschen hervorbringt und ernährt, um dabei alle Welt, die im Dienst des Menschen steht, zu halten und zu hegen, da sie alles in ihrer Kraft gut und richtig ordnet. Die Kraft dieses Gottes wird durch die Erde verherrlicht, weil sie es ist, die den Menschen, der Gott zu jeder Zeit loben und ehren soll, in allen jenen Belangen unterstützt, die der Körper braucht. Auch alles übrige, das sich auf den Nutzen des Menschen bezieht, hält sie fest, da sie sich selber allen zum Gedeihen auftut. *(2,191)*

Alles Gehorchen der Kreatur war nur ein Verlangen nach dem Kusse des Schöpfers: Und alle Welt empfing den Kuß ihres Schöpfers, da Gott ihr alles schenkte, was sie brauchte. Ich aber, ich vergleiche die große Liebe des Schöpfers zu Seinem Geschöpfe und der Geschöpfe zum Schöpfer mit jener Liebe und Treue, mit der Gott den Mann und das Weib zu einem Bunde zusammengab, auf daß sie schöpferisch fruchtbar würden. *(2,238)*

Jedes Geschöpf ist mit einem anderen verbunden, und jedes Wesen wird durch ein anderes gehalten. *(3,53)*

Die Erde ist die Fleischesmaterie des Menschen. Sie nährt ihn mit ihrem Saft wie die Mutter ihre Kinder mit Milch. Und die Flamme haucht ihn an, und er – der Lehm – richtet sich auf als ein lebendiger Mensch. *(1,150)*

Die Gerechtigkeit spricht: Gott hat alle Dinge der Welt so eingerichtet, daß eins auf das andre Rücksicht nehme. Je mehr einer vom anderen lernt, wo er von sich aus nichts weiß, um so mehr wächst doch in ihm das Wissen. Daher besitzt er durch die

Wissenschaft Augen, um auf sich zu achten, damit er nicht in eine Gefahr renne und sich darin aufs Spiel setze [...] Mit Hilfe der Natur setzt der Mensch ja ins Werk, was für ihn lebensnotwendig ist. *(2,181)*

Als das WORT Gottes erklang, da erschien dieses WORT in jeder Kreatur, und dieser Laut war das Leben in jedem Geschöpf. *(3,171)*

Es soll weder das Dunkel das Licht auslöschen, noch soll das Licht die Finsternis gänzlich vertreiben. *(3,172)*

Die Gräslein können den Acker nicht begreifen, aus dem sie sprießen. Denn sie haben nicht Sinn und Verstand und kennen weder ihr eigenes Wesen noch die Wirkung ihres Samens. Und doch umgeben sie den Acker mit der Anmut der Fruchtbarkeit. Mücke und Ameise und die übrigen kleineren Tiere verlangen nicht, über ihresgleichen zu herrschen, oder Kraft und Sinn des Löwen und der anderen großen Tiere zu verstehen. Wieviel weniger kannst du erkennen, was im Wissen Gottes ist! *(1,304)*

Die Erde ist während des Sommers in ihrer Tiefe kühl, weil die Sonne dann mit der Kraft ihrer Strahlung zeugt; im Winter dagegen ist sie im Inneren warm, weil sie sonst bei der eisigen Starrheit zerreißen würde; und so erweist sie mit ihrer Wärme die Kraft zum Ergrünen, mit ihre Kälte die Kraft zum Verdorren. Denn im Winter ist die Sonne auf der Erdoberfläche unfruchtbar, heftet dagegen ihre Wärme unter der Erde fest, damit die Erde die verschiedenartigen Keime bewahren kann; so bringt sie durch Wärme wie durch Kälte alles Keimen ans Licht. Auch bewahrt sie alles, was an Lebewesen geht und läuft, vor dem Einsinken; denn sie ist durch Hitze und Kälte hart geworden und kann alles machtvoll tragen. Gott hat die Erde so gesetzt, daß sie zu gegebener Zeit das Wachstum bewirkt und zu entsprechender Zeit es abnehmen läßt. *(6,84)*

IV

Der Mensch und seine Größe

»Gott spricht:
Ich formte den Menschen zu Meiner Ähnlichkeit,
damit er sich auf Mich zu verwirklichte.«

MITTEN IM WELTENBAU steht der Mensch. Denn er ist bedeutender als die übrigen Geschöpfe, die abhängig von jener Weltstruktur bleiben. An Statur ist er zwar klein, an Kraft seiner Seele jedoch gewaltig. Sein Haupt nach aufwärts gerichtet, die Füße auf festem Grund, vermag er sowohl die oberen als auch die unteren Dinge in Bewegung zu versetzen. Was er mit seinem Werk in rechter und linker Hand bewirkt, das durchdringt das All, weil er in der Kraft seines inneren Menschen die Möglichkeit hat, solches ins Werk zu setzen. Wie nämlich der Leib des Menschen das Herz an Größe übertrifft, so sind auch die Kräfte der Seele gewaltiger als die des Körpers, und wie das Herz des Menschen im Körper verborgen ruht, so ist auch der Körper von den Kräften der Seele umgeben, da diese sich über den gesamten Erdkreis hin erstrecken. *(3,44f)*

Gott spricht: Ich sprach Mein kleines Werk, das der Mensch ist, in Mich hinein. Dieses formte ich nach Meinem Bilde und zu Meiner Ähnlichkeit, damit es sich darin auf Mich zu verwirkliche. *(3,169)*

Der Schöpfer des Alls, der die Erde zu einer Werkstätte gemacht hat, hat die Seele auf sich zu geschaffen. *(3,131)*

Da Gott dieses Werk vollendete, übergab Er dem Menschen die ganze Schöpfung, damit er mit ihr wirken könne, und zwar in genau der gleichen Weise, wie auch Gott Sein Werk – den Menschen – gebildet hatte. *(3,26)*

Gott hat bei der Bildung des Menschen Seine verborgenen Geheimnisse in ihn verschlüsselt, da der Mensch im Wissen, im Denken und im Wirken zum Gleichbild Gottes gemacht wurde. *(3,279)*

Und Gott bildete die Gestalt des Menschen nach Seinem Bilde und Seiner Ähnlichkeit. Er hatte im Sinn, daß eben diese Gestalt die Heilige Gottheit einhüllen sollte. Aus dem gleichen Grunde zeichnete Er die ganze Schöpfung in den Menschen, wie ja auch alle Welt aus Seinem Worte hervorging. *(3,85)*

Das Firmament ist der Thron aller Schönheit, wie auch der Mensch seinen Thron hat, die Erde nämlich, die ihn hält [...] Die Schöpfung war gleichsam das Gewand der Weisheit. *(3,278)*

O Mensch, schau dir doch daraufhin den Menschen richtig an; der Mensch hat ja Himmel und Erde und die ganze übrige Kreatur schon in sich selber und ist doch eine ganze Gestalt, und in ihm ist alles schon verborgen vorhanden. *(6,50)*

Gott hat die Gestalt des Menschen nach dem Bauwerk des Weltgefüges, nach dem ganzen Kosmos gebildet [...] Und wie Gott das riesige Instrument des Weltalls nach ausgewogenen Maßen gemessen hat, so hat er dementsprechend den Menschen in seiner kleinen, kurzen Gestalt abgemessen. *(3,152)*

Gott, der mich erschaffen, der wie ein Herr Seine Gewalt über mich hat, ist auch meine Kraft, weil ich ohne Ihn nichts Gutes zu tun vermag, weil ich nur durch Ihn den lebendigen Geist habe, durch den ich liebe und bewegt bin, durch den ich alle meine Wege kennenlerne. *(3,66f)*

Wer seinem Gott vertraut, wird auch den Bestand der Welt ehren; den Lauf von Sonne und Mond, Wind und Luft, Erde und Wasser, alles, was Gott um der Ehre des Menschen willen geschaffen hat und zu seinem Schutz. Einen anderen Halt hat der Mensch nicht; gibt er diese Welt auf, dann wird er von den Dämonen vernichtet und aus dem Schutze der Engel entlassen. *(3,49)*

Den Menschen hast Du mit dem goldenen Purpurdiadem des Verstandes und dem Ehrengewande sichtbarer Schönheit gekrönt. *(1,114)*

Die Seele spricht: Ich bin berufen, die Genossin der Engel zu sein, weil ich der lebendige Hauch bin, den Gott in den trockenen Lehm entsandte. Deshalb sollte ich Gott kennen und ihn spüren.

(1,120)

Wer nicht sucht, der findet auch nicht. Der Strom fließt nicht zu den Menschen, die ihn zwar kennen, aber nicht zu ihm kommen wollen, sondern sie müssen zu ihm hinzutreten, wenn sie sein Wasser zu schöpfen begehren. *(1,280)*

Siehe, da wehte wie sanftes Säuseln ein gar süßer Duft auf mich herab, von meiner Mutter mir zugesandt [...] Und ich sprach: »O Mutter, Mutter Sion! Was soll denn aus mir werden? Wo ist nun deine edle Tochter? Wie lange, wie lange bin ich fern von deiner mütterlichen Zärtlichkeit, die du mich in vielen Freuden so liebreich nährtest!«

(1,122)

Wie könnte so große Herrlichkeit und Ehre, wie sie euch gegeben ist, ohne Prüfung bleiben, als wäre sie nichtig und eitel? Gold muß im Feuer geläutert, kostbare Steine müssen gereinigt und geschliffen und alle derartigen Dinge müssen nach jeder Richtung hin untersucht werden. Soll also, ihr törichten Menschen, das, was nach dem Ebenbilde und Gleichnisse Gottes geschaffen ist, bestehen können, ohne sich bewährt zu haben? Mitnichten. Mehr als jedes andere Wesen muß der Mensch geprüft werden, und seine Prüfsteine sind die Geschöpfe. *(1,105f)*

Der Mensch, der Gottes Werk ist, wird Gott loben, weil des Menschen Seele im Lobpreis leben wird, wie es der Engel schon jetzt tut. Denn während der Mensch noch in der Zeit weilt, schafft er an der Erde, wie er will und wünscht, und er weist so auf Gott hin; denn er trägt Sein Siegel. *(3,266)*

Der Mensch ist das Werk der Rechten Gottes. Gottes Hand kleidete ihn und rief ihn zur königlichen Hochzeit. *(3,267)*

Als Gott den Menschen erschuf, gab Er ihm die Fähigkeit, mit aller Welt zu wirken. *(2,272)*

Wer hat dich erschaffen und wer dich ins Leben gerufen? Gott allein. Warum willst du das bloß nicht einsehen, daß du dich nicht selber gemacht hast? *(2,183)*

Die danach verlangen, Gottes Werk zu vollbringen, müssen stets beachten, daß sie, weil Menschen, Gefäße von Ton sind, und mögen ständig ihren Blick darauf richten, was sie sind, und was sie sein werden. Das Himmlische sollen sie dem überlassen, der himmlisch ist, weil sie selber Verbannte sind, die das Himmlische nicht kennen. Sie künden die Geheimnisse nur wie eine Posaune, die den Ton zwar erklingen läßt, ihn aber nicht selbst hervorbringt. Denn ein anderer bläst in sie hinein, damit sie töne. *(4,197)*

Auf dieser Welt hat Gott den Menschen mit allem umgeben und gestärkt und hat ihn mit gar großer Kraft rundum durchströmt, damit ihm die ganze Schöpfung in allen Dingen beistünde. Die ganze Natur sollte dem Menschen zur Verfügung stehen, auf daß er mit ihr wirke, weil ja der Mensch ohne sie weder leben noch bestehen kann. *(3,37)*

Gott, der Allmächtige, [...] hat dem Menschen den Vorzug eingeräumt, an der Schöpfung zu wirken. Einzig der Mensch geht aufrecht einher und blickt mit seinem Antlitz empor zum Himmel, während die übrigen Lebewesen zur Erde geneigt und dem Menschen unterworfen sind. *(3,262)*

Jedwedes Geschöpf, das Leben hat, soll auf seinen Schöpfer Rücksicht nehmen und nicht danach trachten, aus sich selbst heraus seine Ehre zu finden. Die volle Freude darüber, daß er zu etwas nütze sei, kann ja der Mensch nicht aus sich selber haben; sie muß ihm vielmehr von einem anderen geschenkt werden. Erkennt der Mensch aber die Freude, die ihm vom anderen entgegenkommt, so empfindet er in seinem Herzen ein großes Entzükken. Denn dann erinnert sich die Seele, wie sie von Gott erschaffen ist; sie schaut im Glauben zu Ihm auf, wie auch ein Mensch auf sein Antlitz im Spiegel blickt, wie es wohl ausschaue. *(3,248)*

Dein Schöpfer hat dir den besten Schatz gegeben, einen lebendigen Schatz, deinen Verstand. *(1,308)*

Weil Gott den Menschen geschaffen hat und ihn mit dem Hauch Seines Geistes zum Leben erweckte, sollen alle Völker, aus Adam geboren und Geschöpfe Gottes nach Seinem Willen, zu Gott kommen. Sie sollen betend diesen Herrn suchen, wo immer sie Seinen Namen anrufen. Denn sie spüren Ihn wirklich, weshalb sie sich auch nicht von Ihm trennen können, gleich wie ein Sohn nicht verleugnen könnte, was für einen Vater er habe. So rühmen sie den Namen Gottes, indem sie zu Gott flehen und Gott anrufen. Manche Menschen aber halten das Werk ihrer Hände schon für

Gott, und sie nennen dieses Werk auch göttlich, was nichts anderes ist als ein Ratschlag des Teufels, mit dem er diese aufgeblasenen Menschen sitzen läßt. *(2,102f)*

Sage mir doch, o Mensch, was warst du, als du noch keinen Leib und keine Seele hattest? Du weißt nicht einmal, wie du selbst geschaffen wurdest, und du willst Himmel und Erde erforschen! Du willst ihre Harmonie und die Einrichtungen Gottes vor dein Gericht ziehen und das Höchste wissen, während du nicht einmal das Geringste zu beurteilen verstehst. Du kannst dir ja nicht erklären, wie du selbst im Körper lebst, oder wie du ihn verlässest. Der dich geschaffen hat im ersten Menschen, Er hat alles vorausgesehen. *(1,106)*

Gott wird über die Mysterien Seiner Schöpfung verherrlicht [...] Das erste Keimen eines gerechten Verlangens fliegt durch die Seele wie der Wind; der Geschmack des guten Willens spielt in ihr wie die Luft, und die Vollendung vollkommener Werke grünt in ihr wie die Grünheit der Welt, die zu weiterer Reifung wächst. Dies alles ruht in der Weisheit der himmlischen Geheimnisse gleichsam wie unter dem Firmament des Himmels, da die Weisheit in der Seele des Gerechten das Gute zu wirken beginnt und dies auch in ihr vollendet. Gott ist darin gleichsam von den Lenden bis zu den Knien, die, so wie sie dies alles in Ihm hervorbringen, von Ihm gehalten werden bis zur endgültigen Vollendung. Daher dienen sie Ihm auch, angefangen von den Lenden, dem Organ der Zeugung, da alle guten Werke im Menschen aus Gott hervorgehen, bis hin zu den Knien, dem Organ der Festigung. *(2,145)*

V

Vom Leib und von der Seele

*»An seinem Antlitz
wird der Mensch erkannt.«*

Die Seele spricht: »Ich bin der lebendige Hauch im Menschen, eingesenkt in das Zelt von Mark und Adern, von Gebein und Fleisch. Ich bin es, die diesem Zelte Wachstum gibt und es in all seinen Bewegungen trägt [. . .] Wie die sprossende Grüne der Erde will ich wirken!« *(1,123f)*

Die Seele spricht: »O mein Fleisch und ihr meine Glieder, in denen ich Wohnung nahm, wie sehr freue ich mich, daß ich zu euch geschickt wurde, die ihr mit mir übereinstimmt, die ihr mich zur ewigen Belohnung ausschickt.« *(3,91)*

Der Seele haftet eine Erfahrung im Himmlischen wie im Irdischen an, und die Vernunft, die Himmlisches und Irdisches spürt, ist ihr eingegossen. Denn wie das Wort Gottes alles im Schaffen durchdrang, so durchdringt die Seele den ganzen Körper, um in ihm zu wirken. Die Seele ist die grüne Lebenskraft des Fleisches, da ja der Körper durch sie wächst und vorwärtskommt, wie die Erde durch die Feuchtigkeit fruchttragend ist [. . .]

Von der Seele gehen ja gewisse Kräfte aus, um den Leib zu beleben, wie vom Wasser die Feuchtigkeit belebt wird, weswegen die Seele sich freut, mit dem Leibe zu wirken. *(3,91)*

Durch das Sehen der Augen werden das Hören und das Riechen, die Vernunft des Mundes sowie das Tasten gelenkt und erkannt [...] Der Mensch sieht mit den Augen, was er durch die Weisheit versteht, und erfaßt es durch Hören, Riechen und Schmecken. Was aber in seinem Herzen sich sammelt, das weiß er durch das Erkennen und schaut dieses nicht mit seinen Augen. *(3,107)*

Sie selbst, die Seele, ist keineswegs Fleisch und Blut, aber sie erfüllt beide, macht beide mit sich lebendig [...] Daher existieren beide, Leib und Seele, trotz ihrer verschiedenen Naturen, dennoch als eine einzige Wirklichkeit [...] Und so ist der Mensch von der ersten Bestimmung an zusammengesetzt; oben wie unten, außen wie innen, allüberall existiert er als Leiblichkeit. Und das ist das Wesen des Menschen. *(3,167)*

Am Haupte des Menschen, wie am Rund eines kreisenden Rades, befindet sich der Scheitelpunkt des Gehirns, auf das hin eine Leiter angelegt ist, die verschiedene Stufen des Aufsteigens hat, so mit den Augen im Sehen, mit den Ohren im Hören, mit der Nase im Riechen, mit dem Mund im Sprechen. Mit diesen Sinnesorganen schaut der Mensch alle Schöpfung, erkennt sie, unterscheidet sie, teilt sie auf und gibt ihr die Namen. *(3,85f)*

Die Seele hat zwei Vermögen, mit denen sie die Anstrengung und die Ruhe ihres leidenschaftlichen Tuns in gleicher Kraft bändigt. Mit dem einen steigt sie zur Höhe, wo sie Gott fühlt, mit dem anderen nimmt sie den ganzen Leib, in dem sie existiert, in Besitz, um in ihm ihr Werk zu tun. Denn der Seele Freude ist es, im Leibe wirksam zu sein. *(3,90)*

Wenn er, der Mensch, dessen natürliche Qualität jenem kosmischen Wehen entspricht, die solcherart gewandelte Luft in sich einzieht und wieder ausstößt, so daß die Seele sie aufnehmen kann, um sie ins Innere des Körpers weiterzuleiten, dann ändern sich auch die Säfte in seinem Organismus und bringen ihm Krankheit oder Gesundheit. Das geschieht, wenn jener Mensch, dessen guter Wille mit jenem Anhauch übereinstimmt, seine Sehnsucht vom Bösen loslöst und sich damit auseinandersetzt. Und weil die Seele dies sehr geheimnisvoll in sich selber austrägt, bringen die Stürme der Gedanken in seinem Inneren Überschwemmung und Umwandlungen, so daß sie ihm bald Glück, bald Widerwärtigkeit verheißen. *(3,69)*

Die Seele sitzt im Herzen wie in einem Haus: Ihre Gedanken schickt sie wie durch eine Tür ein und aus, erwägt hin und her, als wenn sie durch ein Fenster schaute, und ihre sonstigen Funktionen leitet sie wie von einem angezündeten Feuer zum Gehirn wie zu einem Schornstein, um dort über diese Leitkräfte zu entscheiden und sie auszusondern. Hätte der Mensch diese Gedanken nicht, dann fehlte ihm auch die Einsicht, und er würde dastehen wie ein Haus, an dem man Türen, Fenster und Schornstein vergessen hat. Die Gedanken sind ja die Urheber der Einsicht in Gut und Böse und die ordnende Kraft in allen Dingen, und sie heißen deshalb Gedanken. *(6,167)*

Das Herz ist Leben und Gefüge des ganzen Organismus. Es hält den ganzen Organismus. Im Herzen wird das Denken des Menschen geordnet und der Wille großgezogen [...] Der Mensch weiß wohl um das Gute, auch wenn er es nicht tut.

(3,174)

Eine Kraft wird durch die andere in Hitze, Kälte, Trockenheit und Feuchte gemäßigt; und so üben sie ihre Funktionen sinngemäß aus, wie auch der Mensch mit seinen Händen und Armen alles ausführt, was er in seinem Wissen plant. *(3,149)*

Wie Brote im Feuer des Ofens durchgebacken werden, so werden auch die Werke des Körpers im brennenden Eifer der Seele vollendet. *(3,118)*

Die Seele steht den Gedanken zu Dienste, und die Gedanken sind gleichsam der Seele Schreibtäfelchen, auf welchen sie schreibt, weil sie alle Taten eines Menschen mit Hilfe von diesen Gedanken genau untersucht und gleichsam im Schreiben auf das vorbereitet, zu was sie durch den Körper veranlaßt wird. *(3,125)*

Der Wille hat große Gewalt in der Seele. Wie der Hausherr sich einen Platz sucht, von dem er das Besitztum überschaut, so steht die Seele im Herzensgrund, gleichsam in einem Winkel ihres Hauses, und wie der Familienvater das ganze Hauswesen in Gang hält, indem er, zum Osten gewandt, mit erhobenem rechten Arm Zeichen gibt, was zum Wohl des Hauses geschehen soll, so tut auch die Seele auf den Straßen des ganzen Körpers, den Blick zum Aufgang der Sonne gerichtet. Dabei ist der Wille ihr rechter Arm, mit dem sie Adern und Mark in Zucht nimmt und den ganzen Körper bewegt, denn der Wille vollbringt jedes Werk, sei es gut oder böse. Wie ein Feuer kocht er es in seiner Glut. *(1,131)*

Ein Zelt für den Willen ist im Herzen des Menschen das Gemüt. Die Erkenntnis, der Wille und alle Seelenkräfte entsenden, je nach ihrer Stärke, ihren Hauch in dieses Zelt. Sie alle werden in ihm erwärmt und verschmelzen miteinander. *(1,131)*

Die Seele ist es, die dem Menschen den Lebenshauch zusendet und ihm dadurch mit lebendigem Antlitz, mit Gesicht, Geschmack, Gehör, Geruch und Gefühl herrlich begabt. Wird dann der Mensch in seinem Sinne berührt, so macht ihn das wachsam in allen Dingen, denn dann ist der Sinn das Signal für die Seelenkräfte, wie der Leib das Gefäß der Seele ist. Er bewahrt den Zugang nach innen. An seinem Antlitz wird der Mensch erkannt. *(1,132)*

Wie der Körper des Menschen nie ohne eine Tätigkeit ist und es nie unterläßt, sich irgendeinem Werk hinzugeben, so hat auch die Seele im Menschen ihrer Natur nach die Aufgabe, sich mitunter, durch das verschiedenartige Wirken des Körpers mit Verdruß erfüllt, von ihrem Wirkbereich zurückzuziehen und so zu tun, als schliefe sie; so hört auch schon einmal eine Mühle, durch zu großen Aufprall von Wasser an irgendeiner Stelle zerbrochen, eine Zeitlang mit ihrer Arbeit auf. Genau so verhält sich die Seele zwischendurch in der Stille des Schweigens, bis ihr Leib von irgendeiner Scheu oder irgendwelchen Schrecken wieder gezwungen und bedrängt wird. Dann bekommt die Seele ihre Kräfte wieder zurück, nimmt ihre Bahn wieder auf und wird wieder wach. Und dann ist es jenem Menschen zumute, als habe er eine neue Existenz und gleichsam einen neuen Charakter. *(6,237)*

Der innere Geist des Menschen macht seine Kräfte sowohl an irdischen wie auch himmlischen Dingen derart offenkundig, daß auch des Menschen Leib in seiner schöpferischen Kraft mit diesen Dingen Umgang pflegen kann. Wo nämlich Seele und Leib in rechter Übereinstimmung miteinander leben, da erreichen sie in einmütiger Freude den höchsten Lohn. *(3,80)*

Wie sich die beiden Hände, wenn sie ans Werk gehen, miteinander vereinigen und wie auch Himmel und Erde, so sehr sie sich unterscheiden mögen, in einer gewissen Gemeinschaft zusammenstehen, so vollendet auch der Mensch durch die verschiedenen Wissensmöglichkeiten, die er besitzt, jede Handlung. *(3,118)*

Während der Körper ausruht und nichts zu tun hat, läßt die Seele, die im Wachzustand des Körpers von ihm in so vielerlei Angelegenheiten beansprucht war, ihr Wissen, mit dem sie im Körper schafft, gleichsam wie ihre Augen in den Träumen herumspielen und hält ringsum Ausschau, weil sie jetzt nicht mehr durch die zersplitternde Aktivität des Körpers aufgehalten wird. Damals, als Gott den Schlaf auf Adam herabsenkte, sah seine Seele vieles in einer wahrhaft prophetischen Schau, weil er noch keine Sünde begangen hatte. So könnte auch heute noch die Seele eines schlafenden Menschen im Traum vieles sehen, wenn der Mensch durch die Sünden nicht belastet wäre. Gleichwohl vermag des Menschen Seele, da sie aus Gott stammt, mitunter wahre und zukünftige Dinge zu sehen, dieweil ihr Leib schläft; sie erkennt, was dem Menschen künftig bevorsteht, und was manchmal auch eintrifft. *(6,153)*

Das Gehirn ist die materielle Basis für Wissen, Weisheit und Vernunft des Menschen; alle diese Eigenschaften erhält es, indem es sie ausschickt und wieder an sich nimmt; dabei hält es auch die besonderen Funktionen der Gedanken zurück. Die Gedanken selbst wohnen im Herzen und haben entweder eine süße oder bittere Stimmung. *(6,163)*

Es gibt kein Ding, das ganz und gar erkennen könnte, woher es lebendig sei; es spürt vielmehr nur dunkel, wodurch es bewegt wird. Und wie das Wasser alles, was in ihm ist, fließend macht, so ist auch die Seele ein lebendiger Geisthauch, der immerfort im Menschen west und ihn durch Wissen, Denken, Sprechen und Wirken gleichsam fließen macht. *(3,265)*

Die Wasserkräfte manifestieren sich im Blut: und zwar als Wärme beim Atmen, als Luft in allen Funktionen, als Feuchtigkeit bei den Reinigungsvorgängen, als Einschwemmung beim Wachstum, als Leichtbeweglichkeit beim Erstarken, als Saft beim Fruchtbarwerden, als Lustgeschmack bei der Erektion, als Grünkraft in der Potenz, als Feuchtigkeit und Lieferant des feuchten Milieus in allen übrigen Gliederungen. *(6,101)*

Indem die Seele den Leib mit ihren Kräften durchtränkt, bewirkt und vollendet sie alle Handlungen mit dem Menschen. Der Mensch wird dabei zum blühenden Garten, in dem der Herr Seine Augen weidet [...] Der Mensch, der Gutes wirkt, gleicht einem Obstgarten, der von den Früchten guter Werke voll ist. *(3,139f)*

Drei Pfade hat der Mensch in sich, in denen sich sein Leben tätigt: die Seele, den Leib und die Sinne. Die Seele belebt den Leib und leitet auch in die Sinne den Lebenshauch. Der Leib zieht die Seele an sich und öffnet auch die Sinne. Die Sinne endlich berühren die Seele und vermitteln dem Körper die Reize. *(1,130)*

Vierfach sind die Veranlagungen der Menschen: hart, luftig, stürmisch und feurig.

Der Mensch mit harter Veranlagung ist in allem scharf, in all seinen Belangen nimmt er keinerlei Rücksicht auf den andern, sondern berechnet alles einzig im Hinblick auf sich selbst. Und darin gefällt er sich.

Wer luftiger Veranlagung ist, dessen Gemüt ist ständig in Schwankung. Dennoch ist Gottesfurcht in ihm. Er hält seine Sünden im Zaum, weil ihm mißfällt, was er tut.

Den Menschen von stürmischer Veranlagung fehlt die Weisheit. All ihr Tun mischen sie mit Torheit und werden durch Worte der Weisheit nicht aufgerichtet. Im Gegenteil, sie sind darüber entrüstet und entsetzt.

Die Menschen mit feuriger Veranlagung streben allem Weltlichen zu und entfremden sich dem

Geistlichen. Sie fliehen den Frieden, und wo immer sie ihn sehen, bekämpfen sie ihn durch ihr weltliches Getriebe. *(4,189)*

Wenn ein Mensch das hitzige Fieber hat, sind die Säfte in seinem Innern in heftig brennende Glut versetzt, und die Hitze dieser Säfte läßt nicht zu, daß der Mensch noch weiter Nahrung zu sich nimmt. Dagegen zwingt sie ihn wegen der allzu großen Ausdörrung seines Innern zum Trinken, weshalb er ruhig Wasser trinken soll, damit er weniger zu leiden hat. Nachdem aber das hitzige Fieber den Menschen befallen hat, ist es nicht mehr ratsam, Arzneien zu sich zu nehmen, etwa um es zu vertreiben, weil es ihn doch bis zum Schweißausbruch noch nicht völlig verläßt. Im Gegenteil wird es je nach dem eingenommenen Medikament sich nur um so länger in ihm verbergen und ihn nur noch kranker machen, weil die schädlichen Säfte nun nicht mehr so offen und so, wie sie es rechtmäßig müßten, herausgetrieben werden können. *(6,245)*

In Dir selber sollst Du Deine Erde bearbeiten, damit sie nicht unfruchtbar dahindörrt. Dazu aber mußt Du Dich mit ganzer Herzkraft sammeln, auf *eines* konzentrieren, damit Du nicht dieses Dein Herz an die Wechselhaftigkeit rastloser Gesinnungen gewöhnst. Im Grunde bist Du der guten Erde gleich, die häufig von angemessenem Naß durchtränkt wird, damit sie schöne und liebliche Kräuter hervorbringt. Wie Du das verstehen sollst? Wenn der Mensch sein Fleisch mit Maßen nährt, dann ist auch sein Betragen fröhlich und umgänglich. Wenn er aber im Übermaß der Schmausereien und Gelage dahinlebt, dann legt er zu jedem schändlichen Fehler in sich den Keim. Und wer anderseits seinen Körper durch unvernünftige Enthaltsamkeit schädigt, der geht immer wie zornig umher. In all diesen Dingen sei Du die gute Erde! *(6,280)*

Wer den Acker seines Leibes mit Diskretion aufreißt, dem wird das plötzliche Hereinbrechen des Endes nicht schaden, weil die Musik des Heiligen Geistes und ein freudenvolles Leben ihn aufnehmen werden. Der Mensch muß sich aber hüten, durch zu viel Arbeit seinen Leib zu töten. – Denke daran, daß Du nicht die Möglichkeit hast, den Menschen zu schaffen. Deshalb bitte Gott auf sanfte Weise, daß Er Dir ein besseres Leben geben möge. Das ist Gott angenehmer, als wenn Du Ihn im Übermaß Deiner Traurigkeit mit Bitten bestürmst. Gott möge Dich zu einem Tempel des Lebens machen. *(6,282)*

VI

Der Mensch als Mann und Frau

»Ohne die Frau könnte
der Mann nicht Mann heißen,
ohne Mann könnte die Frau
nicht Frau genannt werden.«

Dem Menschen hat Gott gestattet, im Kuß der wahren Liebe durch seine Geistigkeit Gott zu preisen und zu loben.

Doch fehlte dem Menschen noch eine Hilfe, die ihm gleichkäme. So gab Gott ihm eine Gehilfin in der Gestalt des Weibes, gleichsam einer Spiegelgestalt, in der das ganze Menschengeschlecht latent vorhanden war [...] Mann und Frau sind auf eine solche Weise miteinander vermischt, daß einer das Werk des anderen ist. Ohne die Frau könnte der Mann nicht Mann heißen, ohne Mann könnte die Frau nicht Frau genannt werden. So ist die Frau das Werk des Mannes, der Mann ist ein Anblick voller Trost für die Frau, und keiner vermöchte es, hinfort ohne den anderen zu leben. Der Mann ist dabei ein Hinweis auf die Gottheit, die Frau auf die Menschheit des Sohnes Gottes. Und so sitzt der Mensch auf dem Richterstuhl der Welt. *(3,164)*

Als Gott den Adam schuf, hatte Adam eine große Liebe in seinem Schlafe, den Gott über ihn sandte. Und Gott gab der Liebe des Mannes Gestalt, und so ist die Frau die Liebe des Mannes. Sowie nun die

Frau gebildet ward, gab Gott dem Manne jene Schöpferkraft, daß er aus seiner Liebe, welche die Frau ist, Kinder erzeugen könne. Als nämlich Adam Eva zum ersten Mal erblickte, war er ganz von Weisheit erfüllt, da er in ihr die Mutter seiner Kinder erkannte. Als aber Eva Adam ansah, schaute sie ihn so an, als blickte sie in den Himmel hinein, und als richtete sie ihre Seele empor, die den Himmel ersehnt: war doch ihre Hoffnung auf den Mann gerichtet. Und darum wird eine einzige Liebe sein, und nur so sollte es sein in der Liebe zwischen Mann und Frau und nicht anders. *(6,204)*

Der Mann spürt jenen starken süßen Drang in sich, und wie sich der Hirsch nach der frischen Quelle sehnt, so eilt auch heute noch hurtig der Mann zum Weibe hin. *(6,204)*

Der Mann besitzt mehr Schaffenskräfte als die Frau. Die Frau aber ist ein Quell der Weisheit und ein Quell der Freudenfülle. Beides bringt der Mann zur Vollendung. *(4,50)*

Manche Männer sind, wenn sie ohne Frauen bleiben, ruhmlos wie ein Tag, der keine Sonne hatte. Wie aber Früchte während eines solchen sonnenlosen Tages vor dem Vertrocknen bewahrt bleiben, so verhalten sich auch diese Männer, wenn sie ohne Frauen bleiben, in beschatteter und gedämpfter Stimmung; in der Gemeinschaft mit Frauen aber sind sie so fröhlich, wie ein klarer Tag es ist, an dem die Sonne lacht. *(6,140)*

Die geschlechtliche Lust bei der Frau kann mit der Sonne verglichen werden, die milde und leicht und ständig die Erde mit ihrer warmen Glut durchdringt, auf daß sie Früchte hervorbringe. *(6,143)*

Des Weibes Leidenschaft kann leichter gebändigt werden als die Naturkraft der männlichen Geschlechtslust. Denn des Mannes Leidenschaft gleicht einem Feuerwerk, das bald gelöscht und bald wieder entfacht wird, weil ein Brand, der fortwährend glühen würde, zu vieles verzehren müßte. So erhebt sich also die Leidenschaft im Manne nur bisweilen und fällt dann ab, weil bei fortwährendem Brennen der Mann sie einfach nicht ertragen könnte. *(6,137)*

Manche Männer haben so sehr ihr ganzes Lebensverlangen auf weibliche Formen und die Verbindung mit ihnen gerichtet, daß sie sich ihrer nicht zu enthalten vermögen. Ihr Blut entzündet sich zu mächtiger Glut, sobald sie nur eines Weibs ansichtig werden oder etwas von einem solchen zu hören bekommen oder auch sich nur in Gedanken vor Augen führen. Gleichsam wie Pfeile halten sie die Augen auf den weiblichen Liebesgegenstand geheftet, sobald sie ihn erblickt haben; in ihren Ohren entsteht ein gewaltiges Brausen, sobald sie nur etwas von ihnen vernehmen; selbst in ihrer Gedankenwelt herrscht eine solche Sturmflut, die nicht mehr beherrscht werden kann, und die über das Land hereinbrechen muß. Solche Männer sind wahrhaftig Männer, und man heißt sie auch Meister der Fruchtbarkeit, weil sie sich im Zustand geschlechtlicher Erregung immerfort als furchtbar erweisen und zu mancher Nachkommenschaft gelangen [...] Wenn sie Verkehr mit Frauen haben, sind sie gesund und munter; wenn sie ihn aber entbehren müssen, dann dörren sie in sich selber aus und schleichen dahin wie Sterbende. *(6,138)*

Die Augen anderer Männer kommen mit denen der Frauen durchaus in einen guten Einklang, wo doch die Augen jener anderen wie Pfeile auf sie gerichtet waren, und wo jener Gehör wie ein Sturmfluten sich den Frauen gegenüber verhielt, behalten diese ein feines Lauschen wie vom Klang einer Zither; wo jener Gedanken wie Unwetter aufbrachen, werden diese einsichtsvolle Liebhaber in aller Ehrenhaftigkeit genannt. *(6,139f)*

Auch in den Geschlechtsteilen des Menschen blüht die Vernunft, so daß ein Mensch weiß, was er zu tun und zu lassen hat. Daher hat er Genuß an diesem Werk. *(3,72)*

VII

Von der Gabe der Unterscheidung und vom rechten Maß

»Der Mensch sollte alle seine Werke zunächst einmal in seinem Herzen erwägen, bevor er sie ausführte.«

Du hast Augen, damit du sehen und ringsum alles überschauen kannst. Wo du Schmutz siehst, wasche ihn ab, was dürr ist, laß grün werden, und sorge, daß deine Gewürze schmackhaft sind. Wenn du keine Augen hättest, könntest du dich entschuldigen. Nun aber hast du Augen. Warum schaust du nicht um dich, sondern hälst lange Reden in deinem Denken? Häufig urteilst du über andere in Dingen, in denen du selbst nicht beurteilt werden möchtest. Zuweilen allerdings sagst du das, was du vorbringst, mit Weisheit. *(4,207)*

Hüte dich, o Mensch, höher emporzusteigen, als deine Kraft zu tragen vermag. In all deinen Unternehmungen umfange vielmehr die *discretio*, die Maßhaltung, damit du von ihr durch alles hindurchgeführt wirst und nicht etwa zu Fall kommst. *(4,179)*

Seid wie der Tag, der vom niederfallenden Tau in der Frühe berührt und nachher zu sanfter Kühle gemildert wird. So sollt Ihr alles unterscheiden und prüfen und in rechter Weise für das sorgen, was für Euch und andere gut ist. *(4,148)*

Der Erkenntnis ist es vor allen anderen Seelenkräften eigen, Einsicht zu nehmen, ob etwas in den Handlungen der Menschen gut oder böse sei. Wie ein Meister durchschaut sie alles, alles würfelt sie durch, wie man den Weizen von der Spreu reinigt. Sie erforscht, ob etwas nützlich oder schädlich, der Liebe oder des Hasses wert, zum Leben oder zum Tode sei. Ohne sie sind die übrigen Seelenkräfte einsichtslos und stumpf, wie die Speise ohne Salz schal ist. *(1,131)*

Erfüllt vom Troste des Heiligen Geistes, wirst du alles, was gut ist, weise unterscheiden und noch größere gute Werke vollbringen. Mit hellbrennender Liebe wirst du deinen Vater verherrlichen, der dir all dieses verliehen hat. *(1,308)*

Zum Dienst des Menschen war die Schöpfung gerufen. Keinerlei Aufruhr spürte sie in sich. Doch als der Mensch zum Ungehorsam griff und sich seinem Schöpfer widersetzte, verlor auch sie ihre Ruhe und wurde mit hineingerissen in seine Ruhelosigkeit. Große und viele Widerwärtigkeiten trägt sie nun an den Menschen heran. Wie *er* sich zum Bösen geneigt hat, so soll er durch *sie* gezüchtigt werden. Wie das? Weil der Mensch am Ort der Wonne sich zum Empörer gegen Gott aufwarf, darum stellte sich ihm nun die Kreatur, die ihm zu Diensten unterworfen war, entgegen.

(1,105)

Luzifer steckte sich über sich, und er stürzte unter sich [...] Wer beim Erklettern eines Baumes zuerst nach dem höchsten Zweige greift, der wird zumeist in plötzlichem Sturze fallen. Wer aber bei der Wurzel aufzusteigen beginnt, der kommt nicht so leicht zu Fall, wenn er Schritt für Schritt vorsichtig weitergeht. *(1,271)*

Wenn der Mensch mit seinen bescheidenen Möglichkeiten einmal am Wirken ist, kann er es kaum aushalten, daß er zu Ende komme, damit sein Werk von anderen gesehen werde. Das bedenke der Mensch bei sich: Auch das aus dem Ei schlüpfende Vöglein, das noch keine Flügel hat, beeilt sich nicht zu fliegen; erst wenn ihm Flügel gewachsen sind, fliegt es, da es sieht: Das Fliegen ist ihm angemessen. *(3,31)*

Der Mensch sollte alle seine Werke zunächst einmal in seinem Herzen erwägen, bevor er sie ausführte. *(3,279)*

Der Mensch lenkt sein Augenmerk darauf, nicht über das Maß, sondern rechtmäßig und ausreichend gesättigt zu werden, damit die Säfte mit ihren verderblichen Stoffen nicht in ihm aufgewühlt werden. Mit einer solchen Vorsicht eignet sich der Mensch alles Brauchbare an, wie jemand wohl einen Gegenstand, den er liebgewonnen hat, sorgfältig bei sich einschließt, damit er nicht abhanden komme. So ist der Mensch mit seinem Tastempfinden dem Magen zu vergleichen, der seinen aufgenommenen Bestand in Erhitzung und Abkühlung maßvoll durchmischt und dann weitergibt. *(3,169)*

Der Mensch soll nicht versuchen, den rechten Tugendweg maßlos zu wandeln. Die Maßlosigkeit dieser Haltung lenkt ihn dann auf Unzuträgliches ab und führt die Enthaltsamkeit in ihm auf ein übertriebenes Maß des Gewissens, so daß er sich dann in seiner Maßlosigkeit auch erlaubter Dinge enthält und sich schließlich den Ekel an anderen

Tugenden zuzieht. Indem er wähnt, er kehre zur Gerechtigkeit zurück und triefe nur so von Gewissenhaftigkeit, bereitet er sich den Fallstrick der Ermüdung, weil er bei solcher unangemessenen Enthaltsamkeit die Zartheit des Mutes und der Vorsicht verläßt. Schließlich zweifelt er, ob er sich überhaupt noch halten könne und fällt auf diese Weise in die Schlinge der Verzweiflung. *(3,73)*

Die Selbstbeherrschung, die mit Diskretion wirkt, wird gefestigt durch die Tugendkraft rechter Ausgewogenheit. *(3,74)*

Gottes Weisung durch den Mund Hildegards: Viele wollen ihr Spiel mit Mir treiben. Ohne Anstrengung der Seele und des Denkens wollen sie an Mich herantreten. Sie überlegen nicht, daß sie Mich zuerst anrufen und das Sinnen ihres Leibes erwägen sollten. Sie wollen Mich nur in Besitz nehmen. Wie ein aus schwerem Schlafe Erwachender stürzen sie sich in der plötzlichen Aufwallung des Truges und der Täuschung auf den Weg der Heiligkeit, so wie sie ihn sich selber ausdenken [...] Sie bilden sich ein, alles zu können, was sie vorhaben. Sie wollen nicht zusehen, wer und was sie sind, oder was sie leisten können, noch sich zum Bewußtsein bringen, wer sie gebildet hat, und wer ihr Gott ist. Gott soll ihr Diener sein, der all ihr Begehren ausführen muß. Solcher Anmaßung gebe Ich meine Gnade nicht. Ich will nicht einen leeren Acker besäen in einem Menschen, der in eitlem Beginnen sich mit Mir vereinigen will, als wenn er wie ein Fremdling Mich nicht kannte. Sein Fuß wird häufig straucheln. Einem solchen sage Ich: O Mensch, warum hast du nicht den Akker deiner Seele besichtigt und die unnützen Kräuter, Dornen und Disteln ausgerissen? Mich hättest du anrufen und über dich selbst nachdenken sollen, bevor du, ohne Selbsterkenntnis, wie ein Trunkener und Wahnsinniger zu Mir kamst, denn kein Werk des Lichtes vermagst du ohne meine Hilfe zu vollbringen. *(1,304f)*

Herr Gott, Du hast es eingerichtet, daß die gerechten und richtigen Wünsche der Gläubigen Deine Leiter sind, damit Du herrschen kannst in ihren Herzen. *(3,260)*

Geist erprobt sich an Geist,
Fleisch an Fleisch,
Erde bewährt sich durch Wasser,
Feuer durch Kälte,
Kampf durch Gegenstoß,
Gutes durch Böses,
Gesundheit durch Krankheit,
das Lange durch das Kurze,
das Harte durch das Weiche,
die Höhe durch die Tiefe,
Licht durch Finsternis,
Leben durch Tod,
das Paradies durch Strafen,
das Himmelreich durch die Hölle,
Irdisches durch Irdisches
und Himmlisches durch Himmlisches. *(1,106)*

Wie man den Weizen von der Spreu sondert, so würfelt die Diskretion, die Kraft der Unterscheidung, mit der größten Sorgfalt alle Dinge durch, hält fest, was festzuhalten ist, und scheidet aus, was ausgeschieden werden soll [...] Die Glut göttlicher Güte weht aus der helleuchtenden Wolke der göttlichen Barmherzigkeit in die Geister der Menschen, wirkt Unterscheidung und erleuchtet sie [...] Der Heilige Geist teilt die mannigfachen

Strahlen seiner Gnadengabe unter die Menschen aus. Lichter als die Sonne sind diese Strahlen. Sie zerteilen sich und dringen auf unaussprechliche Weise durch die Spalten der Demut in Sinn und Geist der Gläubigen ein, so daß diese aufs klarste die ihnen von Gott gestellte Aufgabe erkennen.

(1,261)

VIII

Leben aus Verantwortung

»Achte mit Sorgfalt darauf,
daß durch die Wechselhaftigkeit deiner Gedanken
die grünende Kraft, die du von Gott hast,
in dir nicht dürr wird.«

Steh auf, schau in die Sonne mit rechter Abwägung. Fliehe nicht das Licht. Schüttle es nicht ab durch harte Ungerechtigkeit, damit du nicht erröten mußt, wenn der höchste König in deinem Beutel deine Werke sucht. Und du wirst leben in Ewigkeit. *(4,61)*

Achte mit Sorgfalt darauf, daß durch die Wechselhaftigkeit deiner Gedanken die grünende Kraft, die du von Gott hast, in dir nicht dürr wird. *(4,142)*

Nicht mit Drohworten sollst du auf deine Untergebenen einschlagen wie mit einer Keule. Mische vielmehr die Worte der Gerechtigkeit mit Barmherzigkeit und salbe die Menschen mit Gottesfurcht. Stelle ihnen vor Augen, wie verderblich die Botschaft für ihre Seelen und ihre Glückseligkeit ist. Ganz bestimmt! Bestimmt, ganz bestimmt! Dann werden sie dir Gehör schenken. *(4,77)*

Wo Demut ist, da hält Christus allzeit Gastmahl. *(4,203)*

Hüte dich, lässig zu werden in der Leitung, solange du noch ein Auge hast. Biete den Deinen das Licht dar in mütterlicher Zärtlichkeit und trockne ihre Wunden ohne den Geruch der Tyrannei.

(4,154)

Wenn die Geizhälse nicht das kriegen, was sie wollen, fallen sie in eine Traurigkeit, aus der sie sich nicht leicht erheben können [...] Dieser Lebensform fehlt alle Grünkraft, und sie bleibt ohne allen Schutz der Seligkeit [...] Daher bringen sie weder für sich noch für ihre Mitmenschen irgend etwas an Liebe auf, da sie weder in freudigen noch in traurigen Tagen, weder in glücklichen noch in unglücklichen Verhältnissen jemals ein dauerhaftes Vertrauen zeigen. *(2,244f)*

Überall, wo sich die Menschen dem Weltschmerz überlassen, stürzt die Anfechtung des Gemütes sie in Zweifel, während sie sich doch durch eine geistige Haltung gleichsam wie mit der Rechten gegen den Weltschmerz wehren sollten [...] Weder an Gott noch an der Welt haben sie eine rechte Freude, noch können sie voll und ganz auf ihr eigenes Werk bedacht sein [...] Keinerlei grünende Lebensfrische besitzen sie mehr auf ihren Lebenspfaden, sondern leben wie eine Unke, die sich fern von aller Freude und allem Frohsinn des Himmels wie der Erde verkriecht. *(2,245)*

Die Traurigkeit der Welt freut sich nicht mehr auf ihre himmlische Heimat. Sie gleicht einem Winde, der weder für das Grünen noch in der Dürre zu gebrauchen ist, weil er alles zerstreut, was er nur anrührt. Daher hat er nirgendwo einen rechten Standpunkt, und seine Rede ist: »Ich weiß von nichts, was hier oder dort seine Heimat in Gott haben sollte!« Auf diese Weise kommen in ihm alle Lebenskräfte zum Verdorren, weil er nicht den geistlichen Lebenshauch in sich trägt. Daher ist diese Gestalt der Traurigkeit auch in verschiedene Teile aufgesplittert, wobei sie das Traurige immer nur auf sich häuft und an nichts eine rechte Freude gewinnen kann. Weder spricht sie in ihrer Freude einen Freund an, noch versucht sie einen Feind zu besänftigen. Vielmehr gibt sie sich gänzlich der Trübsal hin und kriecht wie eine Unke in das Loch ihrer Mühseligkeiten, scheu vor allem, was ihr begegnen könnte. Unter solchem Verhalten aber ist sie eher tot als lebendig, weil sie nicht mehr aufschaut zu ihrer himmlischen Heimat, und weil sie auch kein Vertrauen setzt in diese Welt. *(2,258f)*

Dein Geist gleicht einer Mauer, an der wechselnde Wolken vorüberziehen. Du blickst überall umher, hast aber keine Ruhe. Das fliehe! Stehe in Beständigkeit – Gott und den Menschen gegenüber! In all deinen Trübsalen wird Gott dir beistehen. Bei all deinen Werken schenke Gott dir Seinen Segen und Seine Hilfe. *(4,919)*

Ich hörte, wie sich mit einem wilden Schrei die Elemente der Welt an den Mann Gottes wandten. Und sie riefen: »Wir können nicht mehr laufen und unsere Bahn nach unseres Meisters Bestimmung vollenden. Denn die Menschen kehren uns mit ihren schlechten Taten wie in einer Mühle von unterst zu oberst. Wir stinken schon wie die Pest und vergehen vor Hunger nach der vollen Gerechtigkeit.« *(2,133)*

Weil der Mensch mit seinem Ungehorsam sich sowohl über die Furcht wie auch über die Liebe Gottes hinwegsetzt, überschreiten auch alle Elemente und die Gezeiten ihre Grenzen; das ist so wie bei den Eingeweiden des Menschen; hat der Mensch einmal sein Maß überschritten, so verhalten sich dementsprechend auch seine Eingeweide. *(6,69)*

Die Verführungskraft des Teufels windet sich oft gerade in die Melancholie hinein und macht den Menschen trübsinnig und verzweifelt, so daß viele Menschen sich in der Verzweiflung ersticken und aufreiben, viele aber sich so heftig gegen diese Übel wehren, daß sie wie Märtyrer aus diesem Kampfe hervorgehen. So plagt der Teufel den Menschen im Schlafen wie im Wachen und setzt ihm bisweilen noch im Schlafe so zu, daß er glaubt, ihn drücke etwas. *(6,220)*

Die Spottsucht ist voll der Gottvergessenheit. Mit ihrem Lügengebäude versucht sie die Wahrheit in Stücke zu reißen. Wie ein giftiger Nebel ist sie, der alle Früchte welken macht. Sie keimt nicht auf in der Ehrenhaftigkeit, und sie bedeckt sich nicht mit dem Mantel zuchtvoller Schamhaftigkeit. Alles vielmehr, was wahr ist, versucht sie im Schatten ihrer spielerischen Wortgefechte zu entwurzeln. Das alles macht sie mit einem gewissen Zischeln, ganz nach der Art der Schlangen. Mit ihren gotteslästerlichen Worten, die sich gegen Gott und die Menschen stellen, überläßt sie sich einer äußerst schlechten Gewohnheit. Das rechtmäßige Gesetz verlacht sie, so wie eine Motte ein Kleid zerstört. Mit ihrem Spott täuscht sie den Menschen und bringt ihn so zu Tode. Wer aber Gott mit lauterem Herzen und mit zuchtvollem Geiste lieben will, der treibe das Gift dieses höhnischen Verhaltens aus sich heraus, damit er später nicht weinen muß, wo er sich ergötzen möchte. *(2,249)*

An Bertha, Königin von Griechenland:
Den Zweig, den Gott liebt, hütet Er im Winter. Im Sommer treibt Er Grün und Blüten aus ihm hervor. Krankhafte Auswüchse, durch die er verdorren kann, nimmt Er ihm. Durch das Bächlein, das im Osten aus dem Felsen quillt, werden andere, schäumende Gewässer weggespült. Denn es läuft rascher. Zudem ist es nutzbringender als die anderen Wasser, da keinerlei Schmutz in ihm ist. Dies trifft auch auf jene Menschen zu, denen Gott einen Tag des Glückes und des funkelnden Morgenrotes der Ehre gewährt, und die der starke Nordwind mit dem häßlichen Wehe menschlicher Niedertracht nicht niederdrückt. *(4,88)*

An Abt Withelo von St. Georgen:
Reiß dich zusammen bei deinem Amt und ergreife den Pflug. Gott aber komme dir in all deinen Nöten zu Hilfe und lasse nicht zu, daß du dich umsonst abmühst. *(4,145)*

An Abt Ruthard von Eberbach:
Habe ein freundliches Antlitz für das Elend der Armen, die aus Mangel an Mut den Pflug der Zucht nicht zu ergreifen wagen! Die Guten und Rechtwollenden hingegen seien dir eine Symphonie des Heiligen Geistes. Und hüte dich, bei Licht schläfrig zu werden. Dein Verstand wache vielmehr und töne nicht zweierlei, so daß du nicht innerlich anderes sprichst als du äußerlich tönst. Die solches tun, umwölken ihr Antlitz mit Finsternis. *(4,120)*

An Bischof Gottfried von Utrecht:
Das heitere Licht sagt: Das Gesetz bewirkt Leben, die Finsternis Spaltungen und die Nachtzeit Traurigkeit. Der Mensch, der nach dem Besitz des Lebens verlangt, muß frei sein von Spaltungen [...] Schaue auf zu den Lebendigen, die allüberall Augen haben, so daß du in allem, was dir begegnet, Gott schaust und so Sein geliebter Sohn genannt werdest. *(4,63f)*

An Bischof Hermann von Konstanz:
Trage Vorsorge für deinen Garten, den Gottes Gabe gepflanzt, und sei auf der Hut, daß seine Gewürzkräuter nicht verdorren. Schneide vielmehr

das Faule von ihnen ab, wirf es weg – denn es erstickt das Wachstum – und bringe sie so zum Blühen. Wenn die Sonne ihre Strahlen verbirgt, zieht auch die Welt ihre Freude zurück. Weiter sage ich: Verfinstere deinen Garten nicht durch träges Schweigen, sondern tadle, was getadelt werden muß im wahren Lichte, mit der Gabe der Unterscheidung. *(4,59)*

An Bischof Günther von Speyer:
Gott blickt durch Fenster auf dich, denn Er ist gütig und barmherzig [...] Höre, Mensch: Ein Mann besaß ein Land, das sich als sehr fruchtbar erwies. Wenn der Pflug die Erde geschaufelt hatte, trieb sie in kräftigem Keimen jedwede in sie gesäte Frucht. Da gefiel es dem Mann, aus diesem Land einen Gewürzgarten zu machen. Gewürzkräuter von lieblichstem Duft wollten darin wachsen, Heilmittel gegen Wunden und Verletzungen. Und das Land wurde besser als früher. Nun also, o Mensch, wähle von beidem, was für dich von größerem Nutzen ist. *(4,62)*

An Erzbischof Hillin von Trier:
Die Gerechtigkeit Gottes hält dich aufrecht, denn nicht vergeblich hat dich die Gnade Gottes eingesetzt. Doch wenn du gute Werke zu tun beginnst, ermüdest du schnell. Selbst wenn du, zum feierlichen Gottesdienst gerufen, das Gebet leitest, ermattest du bald. O wehe, der du an Christi Stelle stehst, höre wiederum: Ein König hielt eine Stadt in hohen Ehren. Er empfahl sie drei Männern aus seinem Gefolge, sie sollten für sie sorgen und sie überwachen. Dem ersten übergab er den Turm, dem zweiten die Stadtfläche, dem dritten die Mauer mit dem Bollwerk. Dir ist der Turm zugewiesen, deinem Volk die Stadtfläche, dem Klerus die Mauer mit dem Bollwerk. Wird die Stadtmauer erobert, dann wird auch die Fläche geplündert. Du aber hüte den Turm und verhalte dich so, daß nicht die ganze Stadt zerstört und aufgelöst wird. *(4,50)*

An Erzbischof Arnold von Trier:
Hüte dich, so zu tun, als stamme das Gute – im Geiste oder im Werk – von dir. Schreibe es vielmehr Gott zu, von dem alle Kräfte ausgehen wie die Funken vom Feuer. *(4,55)*

Ein rücksichtsloser und engherziger Mensch flieht die Weisheit, er läßt die Glückseligkeit im Stich und greift selbst die Liebe an, indem er ihre Werke haßt und jede Wahrheit zur Lüge verdreht. Ein solcher Mensch wühlt sich ein in die Verbitterung, so daß er sein Leben an die Werke des Todes verkauft und selber den Becher des Todes trinkt. In der Hinterlist seiner Nachstellungen sucht er immer nur, wie er jedes Ding erlangen und es nach seinem Eigensinn aufsplittern und schlecht machen könnte. Er treibt es dabei so weit, daß er einen Menschen tötet, indes er sich als dessen Verteidiger aufspielt. Und so sät er nichts, was er im Vertrauen und zu Nutzen ernten könnte; nichts sammelt er in die Scheune, was Gott Seinen Kindern verheißen hat. Vielmehr wird er in all seinem Tun als ein Taugenichts dastehen, um in sich selber die innere Verhärtung aufkommen zu spüren. Er fühlt keine Sehnsucht nach der Freude des Lebens, sondern in all seiner Neigung die schmerzliche Mühsal, in welcher er Gott nicht mehr anruft. *(2,122)*

IX

Gottes hilfreiche Kräfte

»Ich bin in Luft und Tau
und in aller grünenden Frische
ein überaus liebliches Heilkraut.
Übervoll ist mein Herz,
jedwedem Hilfe zu schenken.«

Caritas, Gottes schöpferische Liebe, spricht: »Ich, die höchste und feurige Kraft, habe jedweden Funken von Leben entzündet, und nichts Tödliches sprühe ich aus. Ich entscheide über alle Wirklichkeit. Mit meinen höheren Flügeln umfliege ich den Erdkreis: mit Weisheit habe ich das All recht geordnet. Ich, das feurige Leben göttlicher Wesenheit, zünde hin über die Schönheiten der Fluren, ich leuchte in den Gewässern und brenne in Sonne, Mond und Sternen. Mit jedem Lufthauch, wie mit unsichtbarem Leben, das alles erhält, erwecke ich alles zum Leben. Die Luft lebt im Grünen und Blühen. Die Wasser fließen, als ob sie lebten.« *(3,25)*

Caritas, die Liebe, spricht: »Ich, die Liebe, bin die Herrlichkeit des lebendigen Gottes. Die Weisheit hat mit mir ihr Werk gewirkt, und die Demut, die im lebendigen Quell verwurzelt ist, ist meine Gehilfin; ihr ist der Frieden verbunden. Durch die Herrlichkeit, die mein Wesen ist, leuchtet das lebendige Licht der seligen Engel; denn wie ein Strahl vom Lichte funkelt, so leuchtet diese Herrlichkeit den seligen Engeln; es könnte gar nicht anders sein, als daß es erstrahlt, so wie das Licht nicht sein kann ohne das Leuchten. Ich habe den Menschen entworfen, der in mir gleich wie ein Schatten seine Wurzeln findet, so wie man den Schatten eines jeden Dinges im Wasser erblickt. So bin ich ein lebendiger Bronnen, da alles Geschaffene wie ein Schatten in mir ist. Nach diesem Schatten ist der Mensch mit Feuer und Wasser gebildet, wie auch ich ›Feuer‹ und ›lebendiges Wasser‹ bin. Auch der Mensch besitzt in seiner Seele die Fähigkeit, alles so zu ordnen, wie er will.« *(3,264)*

Die Weisheit war vor dem Ursprung allen Anfangs und wird nach allem Ende in ihrer höchsten Kraft dastehen, da ihr nichts widerstehen kann. Sie hat niemand zu ihrer Hilfe gerufen, niemanden braucht sie, da sie die Erste und Letzte war. Von niemandem erhielt sie Antwort, da sie, die Erste, die Ordnung aller Dinge ins Werk gesetzt hat. Aus ihrem eigenen Wesen und durch sich selbst bildete sie alles voll Liebe und Zartheit; nichts mehr konnte von einem Feinde zerstört werden. Denn sie überblickte voll und ganz den Beginn und das Ende ihrer Werke, da sie alles in Fülle bildete, wie auch alles von ihr geleitet wird. *(3,26)*

Die Liebe spricht: »Ich bin jener Lufthauch, der alles Grüne nährt und die Blüten sprießen läßt mit ihren reifenden Früchten. Mit jedwedem Hauch des Heiligen Geistes werde ich belehrt, so daß ich die lautersten Bäche ergießen kann [...] Auch bin ich jener Regen, der aus dem Tau herweht, durch den alle Kräuter mich anlachen zu fröhlichem Leben [...] Ich bin die liebenswürdige Freundin am Throne Gottes, und Gott verbirgt mir keine Entscheidung. Das königliche Brautgemach, es ist mein, und alles, was Gott gehört, gehört auch mir.« *(2,136)*

Der Gehorsam spricht: »Ich war schon beim ältesten Ratschluß mit Gott, und Gott hat alles durch mich angeordnet, was Er erschaffen wollte. Im Geheiß Seines Wortes ertönte ich wie eine Zither, da ich Sein Gebot bin. Ich berühre nichts, ich will nichts, ich trachte nach nichts, als was aus Gott kommt, da ich von Ihm ausging, aus Ihm gewachsen bin und keinen anderen Gott will.« *(2,139)*

Die Hoffnung spricht: »Ich sitze in Sehnsucht am Throne Gottes. In Treue umarme ich all Seine Werke; ich bringe alles Tun zur Vollendung und ziehe so die ganze Welt an mich.« *(2,142)*

Der Frieden spricht: »Ich bin ein Heilmittel für jeden Fall, den du, Streitsüchtiger, verursachst. Wo du Wunden schlägst, da mache ich wieder heil. Die unrechten Kriege und die ewige Streitsucht, ich achte sie für ein Nichts.« *(2,93)*

Das Maß spricht: »Die Sterne funkeln vom Licht des Mondes, und der Mond leuchtet vom Feuer der Sonne. Jedes Ding dient einem Höheren, und nichts überschreitet sein Maß [...] Du, Maßloser, hängst in der Luft wie eine leere Scheide, die im Winde baumelt.« *(2,94)*

Die Hoffnung spricht: »O gütiger Vater, schone die Fehlenden, der Du sie nicht in der Verbannung ließest, sondern sie auf Deine Schultern nahmst. Daher werden auch wir nicht zugrunde gehen, die wir auf Dich vertrauen.« *(1,272)*

Die Enthaltsamkeit spricht: »Kein Mensch würde seine Zither so schlagen, daß ihre Saiten springen [...] Ich schöpfe aus den Menschen das Maß, auf daß ihrem Leibe nichts fehle, daß er aber auch nicht zu üppig werde, vollgestopft von Speis und

Trank und mehr als nötig wäre. Ich bin eine Zither, die in schönster Musik tönt und in ihrem guten Willen die Härte des Herzens durchdringt [...] Solange sein Leib in Maßen durch die Nahrung erquickt wird, singe ich zur Harfe.« *(2,88)*

Die Freigebigkeit spricht: »Ich stehe offen und bereit da, in Regen und Tau, für Salbe und Medizin. Freigebig wirke ich im Regen, voller Tau, aus lauter Barmherzigkeit beim Salben und voll des Trostes für jedwedes Leid bei meinem ärztlichen Tun.« *(2,89)*

Die Barmherzigkeit spricht: »Die Kräuter bieten einander den Duft ihrer Blüten; ein Stein strahlt seinen ganzen Glanz auf die andern, und jedwede Kreatur hat einen Urtrieb nach liebender Umarmung. Auch steht die ganze Natur dem Menschen zu Diensten, und in diesem Liebesdienst legt sie ihm freudig ihre Güter ans Herz [...] Ich bin in Luft und Tau und in aller grünenden Frische ein überaus liebliches Heilkraut. Übervoll ist mein Herz, jedwedem Hilfe zu schenken.« *(2,34)*

Die Geduld spricht: »Ich bin aller Grüne ein milder Hauch. Ich lasse die Blüten und Früchte der Tugenden hervorsprießen und errichte ihnen im Herzen der Menschen eine feste Burg. Was immer ich auch beginne, ich halte es durch; ich bleibe beharrlich treu und vernichte niemanden.« *(2,36)*

Die Weisheit muß mehr als alle Schönheit der Schöpfung geliebt werden und wird von allen heiligen Seelen als liebenswert erkannt, da sie sich nimmer an ihrem liebenden Anblick ersättigen können. *(3,279)*

Wenn der Mensch das Rechte ergreift, verläßt er sich selbst, kostet die Tugend und trinkt. Er wird davon gestärkt wie die Adern eines Trinkenden voll Wein werden. *(3,48)*

Der Friede spricht: »Niemanden werde ich fürchten. Doch die so Böses reden, schüttele ich ab, da ich gesetzt bin, stets zu frohlocken und immerdar in allen Gütern mich zu freuen [...] Der Herr Jesus ist die Wiederherstellung der Gerechtigkeit. Deshalb will ich mich Ihm vereinen, immerdar Ihn tragen und allen Haß und Neid und jegliches Böse von mir abschütteln. Stets soll mein Antlitz fröhlich sein in Deiner Gerechtigkeit, o Gott!« *(1,252)*

Die göttliche Barmherzigkeit, die sich der Gnade Gottes vereint, schaut gleichsam mit den zahllosen Augen ihrer Erbarmungen auf die Schmerzen der gottsuchenden Menschen. *(1,287)*

Die Weisheit: Diese Kraft war vor jeglichem Geschöpf im höchsten Vater. In Seinem Ratschlusse schuf sie die Ordnung aller geschaffenen Gebilde im Himmel und auf Erden. Als herrlicher Schmuck leuchtet sie in Gott, als der vollendende Schritt im Reigen der übrigen Gotteskräfte, denn sie ist in innigster Umarmung Gott vereint im Dreierrhythmus der brennenden Liebe [...] Alles hat Gott durch sie geschaffen, und alles lenkt Er durch sie [...] Von Weltenbeginn an, da sie zuerst offen in Erscheinung trat, zielte sie auf das Ende der Zeiten hin. *(1,297)*

Aus dem Urgrund der wahren Liebe, in deren Wissen der Weltenlauf ruht, leuchtet ihre überaus feine Ordnung über alle Dinge hervor und kommt, alles haltend und alles hegend, immer neu ans Licht [...] Die Liebe ist es, die dort die Kräfte der Elemente und des übrigen höheren Schmukkes, der zur Festigung und Schönheit der Welt Bezug hat sowie alle Gliederungen des Menschen, des Herrn über diese Welt, angemessen unterscheidet und maßvoll anpaßt [...] Aus dieser Liebe, die ganz und gar göttlich ist, besteht alles Gute, wünschenswert über alles. Die Liebe zieht alle an sich, die Gutes wollen, und kommt mit diesem Zug entgegen. *(3,59)*

Ich, die Weisheit, habe folgendes zu sagen: »Damals, da habe ich mich aufgemacht und habe meinen Mantel ausgeschüttelt, um ihn mit tausenden und abertausenden von Tropfen köstlichen Taus zu durchtränken. Mit solchem Geschenk aber zielt Gott auf den Menschen und Er rechnet mit ihm. So laßt uns also ein Gespräch miteinander führen.« *(2,238)*

Die Enthaltsamkeit spricht: »Ich bin durchströmt vom innersten Erbarmen, aus dem das Bächlein quillt, das seine Schätze, Gold, kostbare Steine und Perlen, nicht vor den Armen verbirgt, vor denen, die weinen, weil ihnen des Lebens Notdurft fehlt. Ich will sie trösten, und immerdar werde ich ihre Armut erquicken aus Liebe zum Gottessohne, der sanft und milde ist, der alle seine Güter an die Seelen der Gerechten verteilt und ihre Sündenwunden um der Buße willen heilt!« *(1,251)*

Die himmlische Sehnsucht spricht: »Ich habe in der Höhe meine Heimat. Jedem Geschöpf auf der Welt komme ich in Huld entgegen. Bin ich doch das Leben und die *viriditas*, die Grüne, in allen guten Werken und ein Halsband aller Tugenden. Ich bin das Ergötzen und der Inbegriff der Liebe zu Gott und ein Bauwerk allen Sehnens nach Ihm.«

(2,186)

Flügeln gleich spannen die Engel das Verlangen, das sich aus der Tiefe ihrer Erkenntnis ringt. Nicht, als ob sie Flügel hätten wie die Vögel, sondern schnell, wie der Gedanke des Menschen dahinfliegt, drängt ihre Sehnsucht sie, den Willen Gottes zu erfüllen. Daß sie Antlitze haben, deutet auf die Schönheit ihres vernünftigen Geistes, in dem Gottes alldurchforschender Blick zugleich die Werke der Menschen erschaut. *(1,141)*

X

Vom Singen und vom Beten

*»Wer immer Gott im Glauben erkennt,
soll Ihm lobsingen,
unablässig und getreu,
und Ihm jubeln in Hingabe ohne Aufhören.«*

Die Engel künden von der Gottheit mit dem lebendigen Tönen ihrer herrlichen Stimmen, die zahlreicher als der Sand am Meere sind und über alle Zahl an Früchten, die immer die Erde hervorbringen mag, reicher als alles Tönen, das die lebendigen Stimmen hervorbrächten, und leichter als der Glanz, der von Sonne, Mond und Sternen in den Gewässern funkelt. Herrlicher ist dieser Klang als die Musik des Äthers, die aus dem Brausen der Winde ersteht, welche die vier Elemente hochhalten und festfügen. *(3,247)*

Allmächtiger Vater,
Aus Dir ergießt sich
wie Feuerlohe der Liebe Quell,
Führe Du das Steuer Deiner Kinder,
Laß rechten Wind die Segel schwellen.
Nur dann vermögen auch wir,
Sie heimzugeleiten
Ins himmlische Jerusalem. *(1,354)*

An Maria

O lichte Mutter der heiligen Heilkunst,
durch deinen heiligen Sohn hast du Salböl
gegossen
in Wund und Wehe des Todes,
das Eva hat gebracht zum Schmerz der Seelen.
Den Tod hast du vernichtet
und aufgebaut das Leben.
Bitte deinen Sohn für uns,
du Meeresstern, Maria.

Mittlerin des Lebens und Freude voll Glanz,
Köstlichkeit jeglicher Wonnen,
die allezeit dir eigen!
Bitte deinen Sohn für uns,
du Meeresstern, Maria!

Dem Vater sei die Ehre,
dem Sohne und Heiligen Geist!
Bitte deinen Sohn für uns,
du Meeresstern, Maria! *(5,217)*

In der Kirche hat das Singen des Gotteslobes als Widerhall der himmlischen Harmonie seine Wurzeln vom Heiligen Geist. Der Leib aber ist das Gewand der Seele, die der Stimme Leben gibt.

Darum muß der Leib seine Stimme im Einklang mit der Seele zum Gotteslob erheben. *(4,240)*

Die Seele entstammt der himmlischen Harmonie. Im Gedanken daran wird sich der Prophet bewußt, daß die Seele selbst etwas von dieser Musik in sich hat und fordert sie im Psalm auf: Lobet den Herrn mit Zitherspiel und psallieret Ihm mit der zehnsaitigen Harfe. *(4,240)*

Wer immer Gott im Glauben erkennt, soll Ihm lobsingen, unablässig und getreu, und Ihm jubeln in Hingabe ohne Aufhören. *(1,356)*

Lobet Ihn mit der Pauke der Todeshingabe und im Reigen des Frohlockens. *(1,356)*

O GROSSER VATER

O großer Vater, wir sind in großer Not!
Nun flehen wir zu dir,
wir flehen durch dein Wort,
durch das du unsern Mangel überreich gestillt.

Sei nun geneigt, o Vater, wie es dir entspricht,
blick helfend auf uns hin, damit wir nicht vergehn,
und dunkel in uns sei dein Name.
Hilf uns um deines Namens willen! *(5,215)*

»Lobet Ihn mit dem Saitenspiel« der Erlösung der Menschheit und »mit der Flöte« des göttlichen Schutzes, denn wenn der Reigen sich schlingt, so erklingen Saiten- und Flötenspiel. *(1,356)*

Zum Heiligen Geist

Der Heilige Geist ist lebenspendendes Leben,
Beweger des Alls und Wurzel allen geschaffenen Seins,
er reinigt das All von Unlauterkeit,
er tilget die Schuld, und er salbet die Wunden,
so ist er leuchtendes Leben, würdig des Lobes,
auferweckend und wiedererweckend das All.
(5,229)

O ewiger Gott

O ewiger Gott, nun neige dich,
in jener Liebe glühe auf,
die uns zu Gliedern macht,
von dir erschaffen in der Liebesglut,
mit der du deinen Sohn gezeugt
im ersten Morgenrot
vor aller Kreatur.
Schau auf die Not, die uns befällt,
nimm sie hinweg um deines Sohnes willen,
und führ uns in die Freude unseres Heils! *(5,215)*

An Maria

O grünend Reis,
du stehst in deinem Adel da,
so wie die Morgenröte sich erhebt.
Nun freue dich und juble,
befrei uns Schwache gnädiglich
von dem gewohnten Bösen,
und strecke deine Hände aus,
uns aufzurichten! *(5,221)*

An Maria

Die Unglückseligen, in ihren Geschlechtern
errötend,
sie schritten dahin im Elend des Falles.
Da rufst du sie mit heller Stimme
und richtest so den Menschen auf
aus seinem heillos tiefen Fall. *(5,221)*

Weil beim Anhören eines Gesanges der Mensch zuweilen seufzt und stöhnt, da er sich an die Natur der himmlischen Harmonie der Seele erinnert, so ermahnt der Prophet, der die Natur des Geistes erwägt und weiß, daß die Seele musikalisch gestimmt ist, im Psalme den Herrn auf der Harfe zu preisen und ihm lobzusingen mit zehnsaitigem Spiele und dem Psalter. *(6,261)*

Alle Künste, welche den nützlichen und notwendigen Belangen der Menschen dienen, sind ja durch den Lebenshauch, den Gott in des Menschen Leib sandte, erfunden worden [. . .] Der Leib ist das Gewand der Seele, die eine lebendige Stimme hat; deshalb ziemt es sich, daß der Leib mit der Seele durch die Stimme Gottes Lob in Liedern verkündigt. *(6,261)*

Von der Tiefe bis hoch zu den Sternen
überflutet die Liebe das All,
sie ist liebend zugetan allem,
da dem König, dem höchsten,
sie den Friedenskuß gab. *(5,229)*

An Maria

Du leuchtend grünes Reis, o sei gegrüßt!
Im Geistes-Wehn und Forschen heilger Männer
bist du ans Licht getreten.

Es kam die Zeit,
daß du in deinen Zweigen blühtest,
gegrüßt, gegrüßt seist du!
Der Sonne Glut, sie strömte von dir aus
wie Balsamduft.
Denn in dir war erblüht die schöne Blume,
sie schenkte ihren Duft
all den Gewürzen, die da dürre waren.
Da prangten alle sie in sattem Grün.

Die Himmel schenkten Tau dem Gras,
die ganze Erde ward erfreut:
Es brachte ja ihr Schoß nun Korn hervor,
und auf ihr nisteten des Himmels Vögel.

So ward den Menschen Speise,
und große Freude herrschte
bei den Mahlgenossen.

Und darum ist, o milde Jungfrau,
in dir die Fülle aller Freude.
All dies hat Eva einst verachtet.
Doch nun sei Lob dem Allerhöchsten! *(5,287)*

An Maria

Alleluja! O Reis, du unsere Mittlerin,
dein heilger Leib, er hat den Tod besiegt,
dein Schoß hat alle Kreatur erhellt
durch jene lichte Blüte,
die dem verschloßnen Schoße dein
in zarter Unberührtheit ist entsprossen. *(5,287)*

An die Engel

Fürsten der Ehre, lebendiges Licht!
Heilige Engel!
Tiefgeneigt vor der Gottheit,
Lodernd in Sehnsuchtsgluten,
Weil nimmer ihr euch ersättigen könnet
Der heiligen Fülle,

Schaut im Geheimnisdunkel der Kreatur
Ihr die göttlichen Augen.
Welch lichte Wonnen durchjubeln eure Natur,
Weil nicht sie berührte die Urtat des Bösen,
Die aufstand in eurem Genossen,
Dem gefallenen Engel,
Als über die innen verborgenen Zinnen
der Gottheit
Den Flug er wagte und – stürzte
Qualvoll hinab in den Abgrund.
Doch seines Falles Werkzeug
Bot er in flüsterndem Rat
Dem Gebilde von Gottes Hand. *(1,341)*

XI

Auf dem Weg zur Vollendung

*»Mit viel Sorgfalt und Mühe
schreitet die Kirche in ihren Kindern,
die da kommen und gehen,
Tag für Tag unaufhaltsam
im Sturze der dahingleitenden Zeiten
der vollen Ausgestaltung ihrer Schönheit entgegen.«*

Du siehst eine weibliche Gestalt, schattenhaft vom Scheitel bis zur Leibesmitte. Es ist die Synagoge, die Mutter der Inkarnation des Sohnes Gottes. Von ihrem Entstehen an – in ihren ersten Söhnen – bis zu ihrer vollen Entfaltung sah sie die geheimen Pläne in schattenhafter Erkenntnis voraus, aber sie konnte sie nicht vollkommen auftun. *(1,136)*

Noch ist die Kirche nicht zu dem Stand ihrer Entwicklung gelangt, den sie erreichen soll. Mit viel Sorgfalt und Mühe schreitet sie in ihren Kindern, die da kommen und gehen, Tag für Tag unaufhaltsam im Sturze der dahingleitenden Zeiten der vollen Ausgestaltung ihrer Schönheit entgegen.

(1,292)

Die jetzige Zeit ist nicht eine Zeit der Heilung. Durch eine Lebensweise gleich der der Schlange, die bald mit den Menschen spielt, bald sie beißt, steht unsere Zeit in neuen und alten Wunden voller Schmerzen da. Denn die Kirche hat den Stand der Gerechtigkeit verlassen. Der Nordwind stürmt nämlich über die Kirche hin, rüttelt an ihrem Diadem und zerrt an ihren Gewändern, so daß die führende Geistlichkeit ins Wanken kommt. Das wird so lange dauern, bis die Reinigung durchgeführt ist. *(4,182f)*

Der Mann Gottes sprach: »Mit Meinem Besen will ich euch reinigen und die Menschen so lange heimsuchen, bis sie sich wieder zu Mir wenden. In der Zwischenzeit aber werde Ich viele Herzen vorbereiten und hinziehen zu Meinem Herzen. Mit den Qualen derer, die euch verunreinigt haben, will ich euch reinigen, so oft ihr besudelt werdet. Wer wäre denn Mir gewachsen? Doch nun sind alle Winde voll vom Moder des Laubes, und die Luft speit Schmutz aus, so daß die Menschen nicht einmal mehr recht ihren Mund aufzumachen wagen. Auch welkte die gründende Lebenskraft durch den gottlosen Irrwahn der verblendeten Menschenseelen. Nur ihrer eigenen Lust folgen sie und lärmen: ›Wo ist denn ihr Gott, den wir niemals zu sehen bekommen?‹

Ihnen antworte Ich: ›Seht ihr Mich denn nicht Tag und Nacht? Seht ihr Mich nicht, wenn ihr sät und wenn die Saat aufgeht, von Meinem Regen benetzt? Jegliches Geschöpf strebt hin zu seinem Schöpfer und erkennt klar, daß nur Einer es hervorgebracht hat. Nur der Mensch ist ein Rebell. Er zerreißt seinen Schöpfer in die Vielzahl der Geschöpfe.‹« *(2,133f)*

Durch Wasser und Feuer vollzieht Gott Sein Gericht an den Menschen. *(3,254)*

Wenn Gott das Vermögen Seiner Kräfte im Menschen vollendet haben wird, dann wird sich Seine Macht in den Wolken erheben. Er wird alsdann die Asche, durch welche die Weltelemente verdüstert sind, wegfegen, und dies vollführt Er unter solchen Erschütterungen, daß alle Dinge der Erde in eine Katastrophe geraten und jede Schuld, die noch am Menschen haften könnte, getilgt wird. *(2,267)*

Alsdann werden ein rötlich schimmernder Himmel und eine geläuterte Erde erscheinen, da sie beide über die Weltelemente gereinigt wurden. Denn während jetzt der umdüsterte Himmel eine Art von Verschluß bildet, werden alsdann die Elemente im neuen Glanz erstrahlen. Dann wird der

Mensch, falls er unter der Zahl der Seligen ist, in diesen Elementen gereinigt, dem goldenden Kreis eines Rades gleichen. Im Geiste und am Leibe wird er alsdann ausgereift sein, und alle Verschlossenheit der tiefsten Geheimnisse wird offenstehen. So werden die Seligen Gott anhangen, und Er wird ihnen die Freude in Fülle schenken. *(2,267)*

Alsdann werden alle Dinge in die Ewigkeit hinübergehen, herausgehoben aus der Unbeständigkeit und Gebrechlichkeit, unter denen die Welt und alles auf der Welt jetzt noch leidet. Sie werden hinübergeführt in eine unerschöpfliche Verwandlung. *(2,268)*

Dieses Paradies ist mit einem Blühen voller Lieblichkeit, das nie mehr welkt, geschmückt; und es ist vom allersüßesten Duft wohlriechender Kräuter durchdrungen. Mit zahlreichen Wonnen ist es erfüllt, in denen sich nun die Seelen jener erfreuen, die von jeder Art ihrer Sündenschuld gereinigt sind. Bekleidet sind die Seelen, die hier weilen, mit dem Gewand der Unsterblichkeit und mit jener Schönheit, die Adam verloren hatte, die sie nun aber in noch größerer Schönheit zurückerhalten. *(2,287)*

Und wie der Mensch sich mittels Feuer und Luft wie auch durch Wasser und Erde seine Ausrüstung schmiedet, und wie er sich sein Gewand nach seinem Gefallen auf den Leib zuschneidert, so bereitet auch Gott den Heiligen ihre Ausrüstung ganz nach ihren Werken vor, die Er jedoch aus keinem anderen Stoff nimmt, als den Er aus sich selber schöpft, wie Er auch die ganze Welt rein aus sich selbst geschaffen hat. Und so sollte auch der Mensch sein Werk durch kein fremdes Geschöpf auf der Welt, sondern aus seiner eigenen Natur heraus bestimmen und zur Durchführung bringen. *(2,289)*

Wenn der Mensch dann Gott anschaut, hat er alle irdischen Dinge vergessen, gleich wie ein Mensch sich nicht erinnert, wie er geboren ward, obschon er doch weiß, daß er geboren wurde. *(2,291)*

»Im Hause Meines Vaters gibt es viele Wohnungen« (Joh 14,2) [...] Das Haus des Menschen wird mit reichstem Schmuck geziert wegen des Eifers im Kampf mit sich selber. Für jede einzelne Tat wird er einzeln Lohn erhalten; er wird sich daran wie an einem lebendigen Zitherspiel freuen, da

Gott keine seiner glanzvollen Taten vergessen hat. Daher jubelt die ganze himmlische Harmonie zu Gott auf und gerät in Entzücken, daß der irdische Mensch, der doch der Erde entstammt, in jene Höhe, wo Gott weilt, aufblicken konnte; alles Lob mit jeder Art von Musik erklingt über die Himmel um der Wundertaten willen, die Gott im Menschen wirkt. *(3,230)*

An König Konrad III.:
Nach diesen werden noch schlimmere Zeiten kommen, in denen die wahren Israeliten gegeißelt werden und der katholische Stuhl durch Irrlehre erschüttert wird. Deshalb werden die letzten Zeiten (voll von) Gotteslästerungen sein, gleich einem verwesenden Leichnam. Der Weinberg des Herrn raucht von Leid. Zeiten werden anbrechen, die stärker sind als die zuvor. Die Gerechtigkeit Gottes wird sich wieder etwas aufrichten, und die Ungerechtigkeit des geistlichen Standes wird als durchaus verwerflich erkannt. Aber noch wird man nicht wagen, scharf und eindringlich zur Zerknirschung aufzurufen. Doch dann stehen andere Zeiten bevor: Der Reichtum der Kirche wird verschleudert, der geistliche Stand wie vom Wolf zerfleischt und aus Heimat und Vaterland vertrieben.

Sehr viele von ihnen werden alsdann in die Einsamkeit gehen, in tiefer Herzenszerknirschung ein Leben der Armut führen und demütig Gott dienen [...]

Wenn du dies hörst, o Mensch, reiß dich zusammen gegen deinen Eigenwillen und bessere dich, damit du geläutert in die Zeiten gelangst, in denen du über deine Tage nicht mehr zu erröten brauchst. *(4,81)*

Quellennachweis

Die vorliegende Auswahl beruft sich auf die Ausgaben der Werke Hildegards von Bingen, die im Otto Müller Verlag, Salzburg, erschienen sind. Die Zahl vor dem Komma nennt das betreffende Werk, die danach die Seitenzahl.

(1) Wisse die Wege (*Scivias*), übertragen von Maura Böckeler, 1955.
(2) Der Mensch in der Verantwortung (*Liber vitae meritorum*), übertragen von Heinrich Schipperges, 1972.
(3) Welt und Mensch (*Liber divinorum operum*), übertragen von Heinrich Schipperges, 1965.
(4) Briefwechsel, übertr. von Adelgundis Führkötter, 1965.
(5) Lieder, herausgegeben von Pudentiana Barth, Immaculata Ritscher und Joseph Schmidt-Görg, 1969.
(6) Heilkunde, übertragen von Heinrich Schipperges, 1957.

Literatur über Hildegard von Bingen

Josef Sudbrack, Hildegard von Bingen. Schau der kosmischen Ganzheit, Würzburg 1995.

Ingrid Riedel, Hildegard von Bingen. Prophetin der kosmischen Weisheit, Stuttgart 1994.

Eduard Gronau, Hildegard von Bingen. Prophetische Lehrerin der Kirche an der Schwelle und am Ende der Neuzeit, Stein a. Rh. 1985.

Rosel Termolen, Hildegard von Bingen. Biographie, Augsburg 1989.

Christian Feldmann, Hildegard von Bingen. Nonne und Genie, Freiburg 1991.

Otto Betz, Hildegard von Bingen. Leben und Werk, München 1996.

In der Worte-Reihe des Verlages Herder sind außerdem erhältlich:

Bettina von Armin
Worte wie Flügel
ISBN 3-451-23174-3

Leonard Bernstein
Worte wie Musik
ISBN 3-451-23860-8

Phil Bosmans
Worte zum Menschsein
ISBN 3-451-21787-2

Gautama Buddha
Worte lebendiger Stille
ISBN 3-451-23395-9

Dalai Lama
Worte der Hinwendung
ISBN 3-451-23487-4

Eugen Drewermann
Worte für ein unentdecktes Land
ISBN 3-451-22065-2

Albert Einstein
Worte in Zeit und Raum
ISBN 3-451-23996-5

Michael Ende
Worte wie Träume
ISBN 3-451-22298-1

Theodor Fontane
Worte, die von Herzen kommen
ISBN 3-451-23861-6

Erich Fromm
Worte wie Wege
ISBN 3-451-21784-8

Mahatma Gandhi
Worte des Friedens
ISBN 3-451-23862-4

Khalil Gibran
Worte wie die Morgenröte
ISBN 3-451-23485-8

Vincent van Gogh
Worte wie Feuer
ISBN 3-451-23998-1

Hermann Hesse
Worte des Zauberers
ISBN 3-451-21785-6

C. G. Jung
Worte der Seele
ISBN 3-451-21579-9

Yehudi Menuhin
Worte wie Klang
in der Stille
ISBN 3-451-23997-3

Mohammed
Worte wie Oasen
ISBN 3-451-23864-0

Anne Morrow
Lindbergh
Worte wie Muscheln
ISBN 3-451-23999-X

Norman Vincent Peale
Worte positiver Kraft
ISBN 3-451-26054-9

Rainer Maria Rilke
Worte, die verwandeln
ISBN 3-451-21786-4

Antoine de Saint-Exupéry
Worte wie Sterne
ISBN 3-451-23484-X

Albert Schweitzer
Worte über das Leben
ISBN 3-451-23863-2

C. F. von Weizsäcker
Worte für ein neues
Bewußtsein
ISBN 3-451-21287-0

Worte, die Berge versetzen
Weisheit der Chinesen
ISBN 3-451-21823-2

Worte für die eine Welt
Aus den Reden der Friedens-
nobelpreisträger
ISBN 3-451-22449-6

Worte wie Spuren
Weisheit der Indianer
ISBN 3-451-23486-6